인문치료총서 19

치료목적 중심 인문치료 사례연구

강원대학교 인문과학연구소 (엮음)
유건상, 윤일수, 이민용, 정성미, 최병욱
국은순, 권오상, 이용희, 이진남 (지음)

강원대학교 출판부

책머리에

인생은 배움의 연속이다. 이 말은 나날이 변하는 사회와 호흡을 같이 하며 살기 위해 사람도 끊임없이 성장해야 한다는 것이리라. 굳이 외부 환경의 변화에 부응하기 위해서가 아니더라도 사람은 근본적으로 온전함을 추구하는 경향이 있어서 일생에 걸쳐 자신과 사회의 통합을 통해 온전함을 이루기 위해 노력한다. 그 과정에 자기 자신을 곱게 다듬어간다.

인문학은 진정한 인간됨을 숙고하며 성장할 수 있는 길을 안내해 주는 학문이다. 인문학을 향유하는 것만으로도 옹졸했던 생각을 너그럽게 열어주고, 삭막했던 마음을 풍성하게 가꾸어준다. 게다가 인문학의 치유적 기능은 병리적인 현대사회에 인문학의 새로운 방향으로서 그 의미를 지닌다. 이런 시대적인 요구에 부응해서 새롭게 태어난 학문이 '인문치료'이다.

이 책은 강원대학교 인문과학연구소 인문한국사업단이 10년에 걸쳐 '인문학 진흥을 위한 인문치료학'이라는 어젠다를 수행하는 과정에서 북한이탈주민, 청소년, 재활환자, 교도소 재소자 등을 대상으로 한 인문치료 사례 연구 결과물이다.

이 책은 치유 목적에 따라 정체성 회복, 인성교육, 삶의 질 향상 세 부분으로 구성되어 있다. 1부 정체성 회복을 위한 인문치료에서는 북한이탈주민들의 자아정체성과 진로정체성을 다루고 있다. 정성미의 「북한이탈주민의 글쓰기에 나타난 자아정체성」은 북한이탈주민을 대상으로 이루어진 인문치료 글쓰기에 표현된 북한이탈주민의 정체성 문제를 자아정체성의 개념과 구성 요소를 중심으로 고찰한다. 여기서 언급된 두 사례는 새로운 사회의 구성원으로서의 주체 인식, 단절로 인한 그리움의 정서, 극복의지, 부적응에 대한 현실인식, 고난에 대한 긍정적 관점을 다루고 있다.

권오상과 이진남의 「북한이탈주민의 진로정체성에 관한 고찰」은 북한이탈주민들의 진로실태에 대한 생애사적 분석을 통해 경력 경로과정의 특성과 문제점을 고찰하고 있다. 이 글에서 북한이탈주민에 대한 진로상담과 연구는 개인의 내적 측면에 초점을 두는 구성주의적 접근이 필요하다고 보고 있다. 특히 내러티브 탐구 방법은 개인이 처한 상황과 경험을 이해하고 그 의미를 탐구하는 데 도움을 준다고 한다.

2부 인성교육을 위한 인문치료에서는 청소년과 대학생을 위한 문학치료와 인문치료를 실시한 성과에 관해 다루고 있다. 이민용과 국은순의 「청소년 인성교육을 위한 문학치료 프로그램」은 발달적 문학치료에 기초한 인성교육 프로그램이 청소년의 공감과 학교적응에 긍정적인 효과를 줄 수 있다는 주장을 담고 있다. 인성교육은 개인 인격의 올바른 성장을 위해서 뿐만 아니라, 생명을 소중히 보호하고 사회의 부패와 악을 방지하기 위해서도 꼭 필요하다는 것이다. 연구를 통해 문학치료가 청소년의 공감과 학교적응 의지를 고취시키기 위한 방법으로 활용될 수 있음을 밝히고 있다.

최병욱의 「위기 청소년을 위한 인문치료」는 청소년비행예방센터에서 실시한 인문치료 프로그램의 내용을 바탕으로 위기 청소년들을 위한 인성교육의 새로운 방향을 모색하고 있다. 이 글은 인문치료 프로그램을 통해 위기 청소년들이 자신의 마음을 성찰하고, 그 바탕 위에서 관계 속의 배려와 공감을 느껴보고, 더불어 행복과 꿈을 찾는 계기를 만들어 주고자 하는 과정을 보여주고 있다.

이용희의 「문학과 치료의 만남」은 대학생들을 대상으로 사이드가 말하는 현재성을 지닌 인문주의를 실천한 사례에 관한 연구이다. 이 글은 문학치료의 개념을 발달적 차원의 문학치료로 상정하여 문학작품의 읽기와 글쓰기를 통해 '자아강화 및 자기계발'이라는 목표에 이르는 과정을 담고 있다.

3부 삶의 질 향상을 위한 인문치료에서는 재활환자와 재소자를 대상으로 인문치료를 실시한 결과를 다루고 있다. 유건상의 「뇌졸중 노인환자의 삶의 질 향상을 위한 인문치료」는 뇌졸중 노인환자를 대상으로 삶의 질 향상에 초점을 맞춘 인문치료를 적용한 사례 보고서이다. 이 글은 뇌졸중 노인환자들이 자신감을 회복하고 우울감에서 벗어나 건강한 사회의 일원으로서 남은 삶을 정서적으로 보다 안정되게 살아가는 데 도움을 주고자 인문치료 프로그램을 실시하고, 이를 통해 뇌졸중 노인환자들의 전반적인 삶의 질 향상에 인문치료가 효과적인 기제가 될 수 있다는 것을 증명하고 있다.

윤일수의 「재소자의 소시오드라마 경험을 통한 '부끄러움'의 내용 분석」은 재소자가 경험하는 '부끄러움'이 지니는 본질적 의미를 밝히고 있다. 2015년 11월, A도에 위치한 K교도소에서 실시하는 인성교육 프로그램과 성폭력 가해자 교정 · 치료 프로그램에 참여한 교육생을 대상으로 소시오드라마를 진행한 결과를 질적 분석한 사례 연구이다. 이 글은 건강한 '부끄러움'은 사람들로 하여금 건강한 삶을 살도록 하는 데 필요한 정서적 감정이라는 주장을 펼치고 있다.

이 책의 출간을 통해 미해결 과제로 고통 받으며 살아가는 사람들이 고통의 무게를 조금이나마 덜었으면 하는 바람을 가진다. 마음의 감기를 앓는 사람들이 인문치료를 통해서 그 고통을 경감하고, 고통의 긍정적 의미를 재발견하기를 바라는 마음으로 이 책을 세상에 내놓는다.

2017년 4월

저자를 대표하여 윤일수 씀

CONTENTS

제1부 정체성 회복을 위한 인문치료

북한이탈주민의 글쓰기에 나타난 자아 정체성

정 성 미

1. 들어가며

이 논문의 목적은 북한이탈주민을 위한 인문치료에서 이루어진 글쓰기에 표현된 북한이탈주민의 정체성 문제를 고찰하는 데 있다.

북한이탈주민의 자아 정체성을 살펴보기 전 자아 정체성의 개념과 구성 요소를 살펴보고 북한이탈주민의 글쓰기 자료에 자아 정체성이 어떻게 표현되고 있는지 자아 정체성 개념과 구성 요소를 연관시켜 살펴보고자 한다.

북한이탈주민의 자아 정체성 문제는 그들이 남한 사회에서의 적응과도 연관된다. 이들의 부적응의 문제는 북한이탈주민의 자아 정체성이 남한사회에서 소외 계층으로서 갖게 되는 콤플렉스와도 연관성을 갖는다.

이 논문에서의 글 자료는 인문치료 활동 자료로, 인문학 자료를 통해서 자신과 자신의 삶을 성찰하고 자신의 생각을 표현한 것이다. 글 자료는 여러 회기에서 걸쳐서 표현된 것인데, 이 글쓰기에는 글쓴이의 욕구, 기대, 기호, 가치관, 인간관 등의 다양한 생각들이 반복적으로 표현되게 된다. 이를 대상자의 자아 정체성과 연관하여 살펴볼 것이다.

2. 북한이탈주민의 자아 정체성

2.1 대상

이 논문에서 분석할 북한이탈주민의 글쓰기 자료는 인문치료 활동에서 이루어진 글쓰기 자료로, 인문치료 활동에 참여한 대상자 중에서 두 참여자의 글을 주요한 분석 대상으로 삼는다.

참여자	생년	남한거주기간	성별	프로그램
A	1974	8년	여	2013 개별
B	1963	7년	여	2013 집단 2015 집단

A, B는 각각 2013년 '북한이탈주민을 위한 인문학 교실'에 개별과 집단 프로그램에 참여한 대상자이다.

2.2 자아 정체성

2.2.1 자아 정체성의 개념

정체성(Identity)은 라틴어의 identitas에서 유래되었고, 그 의미는 전적으로 동일한 것이다(이희정, 2001:16-18).

에릭슨(1956)은 정체성을 객관적 측면과 개별적 정체성으로 나누고, 집단에 대한 귀속감 또는 일체감을 의미하는 정체성을 객관적 측면의 정체성이라고 하였다. 또한 개별적 정체성은 개인적 정체성과 자아 정체성으로 구분하였는데, 개인적 정체성은 시간의 흐름, 상황의 변화 속에서도 동일한 존재로 인식되는 자기 자신을 의미하고, 자아 정체성은 개인적 정체성보다 좀 더 포괄적 개념이라고 하였다. 즉 시간의 흐름과 상황의 변화 속에서도 연속적인 동일성을 유지하는 것이 정체성이다.

Harter의 자아 가치의 종합적 모델에서는 James(1892)와 Cooley (1902)의 초기 이론을 적용하였다. James는 유능감과 성취에 대한 개인의 평가를 자기 가치감을 구성하는 기본 요인으로 설정하였다. Cooley (1902)는 유능감과 성취보다는 사회적 지지나 긍정적 대우에 대해 타인의 인정을 중요 요소로 보았다(Damon & Hart, 1988, 재인용). Harter의 자아가치는 유능감과 성취 등 개별적인 평가와 사회적 지지나 긍정적 대우 등 관계에서의 평가를 통합한 의식이다.

Rogers(1951)는 현실적 자아와 이상적 자아의 일치를 긍정적 자아 존중을 의미하는 것으로 보았고, 개인적 및 사회적 적응과 자아를 연관시켰다.

자아정체성은 에릭슨의 객관적 측면과 개별적 정체성 간의 조화를 의미하고(김성원(2015:17-8) 다양한 역할들 간의 통합이고, 과거, 현재, 미래의 나와의 연속성 또는 일관성을 의미한다(한상철, 2005).

끝으로 자아정체성은 정적인 개념이 아니라 동적인 개념으로, 자기 통합성을 이루기 위해 역동적으로 체계화 되어가는 과정에서 고양시켜 나가는 자아의식이다. Marcia(1980)는 자아 정체성이란 여러 가지 충동, 능력, 신념 및 개인의 생활사 등의 자체 발생적인 내적이고 역동적 체계인 자기 구조라고 정의하였다(유영주, 2001).

종합하면 자아정체성은 상황의 변화, 시간의 변화 속에서도 동일성과 연속성을 유지하며, 개인 내적으로, 사회적 상호작용으로 자신을 고양시켜 나가는 역동적 체계의 자아의식이다.

2.2.2 자아 정체성의 구성 요소

자아 정체성을 구성하는 요소를 Dignan(1965)은 자기 감각, 자기 수용, 독특성, 역할 기대, 대인관계, 목표지향성을 제시하였고, Marcia(1980)은 충동, 능력, 신념, 개인의 생활사를, 박아청(1996)은 주체성, 자기수용성, 미래확인성, 목표지향성, 주도성, 친밀성, 정체감 유예 및 정체감 혼미를, 이규민(2001)에서는 대인관계, 역할, 목표, 가치, 이념을, 유영주(2001)에서는 자신의 욕구, 능력, 신념 등을, 김성원(2015)에서는 대인관계, 가치, 목표, 역할 및 이념을 제시하였다(박아청 · 이승국, 1998:223).

자아 정체성을 구성하는 요소를 개인내적인 요소와 사회적 요소로 구분하여 정리하였다.

Dignan (1965)	개인내적	자기감각	자기수용	독특성	목표지향성	
	사회적	역할기대	대인관계			
Marcia (1980)	개인내적	충동	능력	신념	개인생활사	개인내적
박아청 (1996)	개인내적	주체성	자기수용성	미래확인성	목표지향성	주도성
	사회적	친밀성	정체성 유예	정체성 혼미		
이규민 (2001)	개인내적	목표	가치	이념		
	사회적	대인관계	역할			
유영주 (2001)	개인내적	욕구	능력	신념		
김성원 (2015)	개인내적	가치	목표	이념		
	인내적	대인관계	역할			
배상식 (2012)	개인내적	성격	취향	가치관	능력	인간관
		미래관	세계관			

자아 정체성의 구성 요소를 살펴보면 사회적 정체성에서는 대인관계와 역할이 공통적으로 설정되어 있는 것을 확인할 수 있다. 친밀성도 대인관계의 최종 목표에 해당하는 것으로 대인관계에 포함된다. 개인 내적 정체성은 욕구, 능력, 취향, 신념, 목표, 주체성, 자기감각 등 다양하다.

자아정체성이 잘 형성된 사람의 특징은 자아 정체성의 구성 요소 즉 자기의 성격, 취향, 가치관, 능력, 관심, 인간관, 세계관, 미래관 등에 대해서 명료한 이해를 하고 있으며, 그런 이해가 지속성과 동일성 및 통합성을 가진다(배상식, 2012; 박진우, 2015:6 재인용). 또한 자아 정체성이 잘 발달된 사람일수록 자신의 장. 단점과 타인의 유사성 및 독특성을 잘 깨닫고, 그 반대로 자아 정체성이 발달되지 못한 사람은 타인으로부터 자신을 찾으려 하고 외적 자원에 의존하여(신종임, 2010) 자기 자신을 평가한다. 그리고 자아 정체성이 잘 형성된 사람은 방황과 고민 속에서도 자신의 연속성과 독특성을 고양시켜 나가는 특징이 있다(김애순, 윤진, 1997; 박진우, 2015:6 재인용). 끝으로 "자아 정체성이 잘 형성된 사람은 친밀감이 높고, 타인과의 관계에서 신뢰감을 갖고 있으며, 자신의 행동을 신뢰하고 주도적으로 수행할 수 있다(박아청 · 이승국,1998:227)."

콤플렉스는 부정적인 자아 정체성과 연관되는 개념이다. 자아 정체성은 부정적 자아 정체성과 연관되는 콤플렉스와 능력감, 사명감 같은 긍정적 자아 정체성이 있다. 이 두 가지 요소가 과거에 대한 집착, 미래로부터의 유인 등 다양한 상황을 통합해 가는 것이 자아 정체성이라고 하였다(박아청, 1999:58)

아들러는 콤플렉스의 주요 부분인 열등감은 항상 존재하는 것이고 이것이 행동의 동기가 된다고 하였다. 즉 열등감은 추진력이 있는 것으로 쿠르트 레빈의 긴장체계와 개념이 비슷하다고 하였다(박아청, 1999:58)

3. 인문치료 글쓰기 자료에 나타난 북한이탈주민의 정체성

Dignan(1965)은 자아 정체성을 사회적 상호작용을 통해 발달되는 것으로 보았다. 그 과정에서 자기를 묘사하는 자기 참조적 심상(self-referent image)의 복합이 자아 정체성이라고 정의하였다. 인문치료라는 구조화된 사회적 상호작용을 통해 자기 자신을 어떻게 글로써 묘사하고 있는지를 살펴봄으로써 대상자들의 자아 정체성을 확인해 볼 수 있다.

3장에서는 2장에서 살펴본 자아 정체성의 개념과 자아 정체성의 구성요소를 중심으로 대상자들의 글을 분석할 것이다.

3.1 사례 A

3.1.1 개인내적 정체성

A는 시를 듣고 연상된 것을 그린 후에 말하기와 글쓰기 활동을 하였다. A는 말하기에서 그림 속 꽃봉오리가 자신인 것 같다고 하였다. 그 이유는 아직 피지는 않았지만, 바람이 불어도, 그리움이 와도 잘 이겨내기 때문이라고 하였다.

이 꽃은 고향을 연상시키기도 하였는데, 이 연상은 꽃이 피어 있는 산으로, 산에서 뛰어놀던 친구로 이어진다. 이 고향이라는 공간과 친구라는 대상은 단절된 공간과 대상으로 이 단절이 주는 그리움에 대해 표현하고 있다.

“바람이 불면 두었다가 놓고 가라는 말은 내가 지금 겪는 어려움은 잠시 머물렀다가 간다는 뜻인 것. 그리움이 오면 묻어두면 참 좋을 것 같다. 가끔 고향의 아름다움과 향기도 맛볼 수 있어서. 아픔이 오면 다시 사라진다는 말을 나는 믿고 싶다. 어떤 아픔도 오래가지 못할 것이니까 세월은 계속 가는 것이니까. 계속 바뀌고 변하기 때문에. 지금 나의 나이도 작지 않아 걱정이 많고 아픈 데가 너무 많지만 이겨내야 한다는 생각만 든다. 〈글 자료 1〉

A는 〈글 자료 1〉에서 고향의 아름다움, 향기를 맛보고 싶은 소망과, 그리움뿐 아니라, 자신이 겪은 아픔이 치유됐으면 하는 바람, 그리고 현실의 어려움 속에서도 이겨내야 한다는 의지를 표현하고 있다. 이런 의지의 표현들은 다른 글 자료에서도 반복해서 확인된다.

오늘 요셉에 대한 이야기를 통해서 어려움에 처해도 자기 주체를 잃지 않고 있으면 꼭 좋은 날이 오고 밝은 미래가 있다는 것을 느끼게 되었습니다. 그리고 사람은 누구나 어려운 고비에서도 자기 자신을 이겨내고 지혜를 찾아낸다면 언제든지 물리칠 수 있다는 것을 알게 되었다.

그리고 정약용의 소설도 나에게 어둡지만 초심을 잃지 않고 모든 걸 이겨낸다면, 괴로웠던 모든 것도 즐거움을 마련하면 하나의 뿌리로 간주하게 된다는 것도 알게 해 준 것 같다.〈글 자료 2〉

〈글 자료 2〉에서는 성경 속 요셉 이야기에 대한 글과 정약용의 글을 읽고 자신의 생각을 정리한 것이다. 요셉의 이야기에서 A는 자기 주체를 잃지 않으면 어려움 속에서도 희망이 있고, 이겨낼 수 있음을 글 속에서 주목하고 있다. 정약용의 글에서도 괴로움이 즐거움과 한 뿌리이고, 초심을 잃지 않을 때 이겨낼 수 있음을 표현하고 있다. A는 어떤 어려움도 이겨낼 것이라는 의지와 어려움의 극복에 대한 긍정적 생각을 〈글 자료 2〉에서 표현하고 있다. 이는 참여후기에서도 반복되고 있다.

> 인간이 참 지혜롭고 위대하다는 것, 사람은 마음만 먹고 노력하면 못할 것이 없다는 것도 느꼈다.〈참여후기 중〉

또한 A는 글에서 자신의 성격과 특징에 대해 언급하고 있다. 〈글 자료 3〉은 자신의 삶을 나무로 상징화해서 그림을 그린 후 쓰기 활동을 한 것이다.

> 나는 갓 태어나서는 정말 행복하고 천진하게 자랐다. 부모들의 영향과 함께 그런데 10대 중반에서는 학교에서도 집에서 많은 사회가 낳은 악순환과 모순에 대해서 알게 되었고 소심하고 침묵적이고 무뚝뚝한 성격이 되어버렸다.
>
> 지금 나에게 물어본다면 나의 중학교 시절이 가장 그립다. 뛰뛰기, 널뛰기, 책 읽고 아이들에게 들려주는 그 기쁨과 즐거움 자신감이 넘쳐나던 시기였다. (생략) 〈글자료 3 일부〉

A는 과거의 자신에 대해 천진하다고 인식하고 있고, 중학교 시절에는 기쁨과 즐거움, 자신감이 넘쳐났다고 표현하고 있다. 10대 중반서부터 자신의 성격이 소심하고 침묵적이며, 무뚝뚝하게 변했다고 하였다. 또한 참여후기에서는 자신의 조급함과 피해의식을 인정하고 있다.

참여후기에서는 주도성을 표현하기도 하였다.

> 북한의 유명한 ○○도자기 공장
> 답사로 들러서 산 빨간 고추양념통
> 그것은 고마운 양념통
> 엄마에게도 우리 가족의 둘도 없는 기쁨
> 빨간 고춧가루를 담을 때마다 흐뭇해하는 엄마
> 한 가족의 둘러앉아 소박한 식탁에서도 유난히 빛나던 양념통
> 오늘은 그 빨간 사과 고추통을 찰흙으로 내 손으로 빚었네.
>
> 〈글 자료 4〉

〈글 자료 4〉는 과거 회상 후 답사 때 사왔다던 빨간 고춧가루 양념통을 찰흙으로 빚고 나서 쓴 시이다. 이 시 마지막 행에서는 그 고춧가루 통을 오늘, 내 손으로 빚었다고 표현함으로써 주체로서의 자신을 강조하고 있다. 이는 참여후기에서도 다시 반복되었다.

> 행복이란 누가 가져다 주는 것이 아니라 자신이 만들어 가는 것

임을 느꼈다.

우리가 사는 사회의 한 사람 한 사람이 배려하는 마음을 가질 때 비로소 사회가 아름다운 사회가 되므로 나 자신부터 변화시켜야 한다는 생각 〈참여후기 중〉

참여 후기에서 행복의 주체가 자신인 것과 사회의 구성원으로서 역할을 잘 감당하기 위해먼저 변화해야 함을 언급하였다. 이는 A의 주체로서의 주도성을 보여준다.

또한 A는 내가 좋아하는 것에 대해 쓰기 활동을 하였다. 그 내용을 분류해 보았다. 우선 좋아하는 것 중에서 가장 많은 것은 활동이다. 그 다음이 사람, 음식이다.

책을 좋아한다. / 라디오 듣기를 좋아한다. / 텔레비전 보기를 좋아한다.

잠자기를 좋아한다. / 운동을 좋아한다. / 글쓰기를 좋아한다. / 스케이트 타기를 좋아한다.

그림그리기를 좋아한다. / 아이와 놀아주는 것을 좋아한다. / 수영을 좋아한다. / 친구들과 이야기하기 좋아한다. / 퍼즐 맞추기를 좋아한다. / 산책을 좋아한다.

○○이를 좋아한다. / 남편의 마음을 좋아한다. / 가족을 좋아한다. / 선생님을 좋아한다.

진심을 좋아한다. / 이쁜 사람을 좋아한다. / 오빠를 좋아한다.

비빔밥을 좋아한다. / 국수를 좋아한다. / 과일을 좋아한다.

기러기를 좋아한다. / 장미꽃을 좋아한다. / 봄을 좋아한다.
혼자 있기를 좋아한다. / 깨끗한 것을 좋아한다.
하얀 옷을 좋아한다. / 검정색을 좋아한다. 〈글 자료 5〉

A의 좋아하는 것의 특징은 다양한 활동을 좋아하고, 가족, 주변의 사람들을 좋아하고, 물질적인 것에 대한 관심은 소박하다는 것이다.

인문치료 글쓰기에 나타난 A의 개인 내적 정체성을 정리하면, A는 자신의 성격을 역동적으로 구조화하고 있다. 자신의 성격에 대해서는 과거의 성격과 비교하면서 천진, 유쾌함, 자신감이 있던 20대보다 현재 소심하고 조용하고 무뚝뚝한 성격으로 변하였고, 조급함과 피해의식이 있음을 인지하고 있다.

또한 A의 두드러진 특징은 행복, 새로운 사회의 구성원으로서 자신의 역할을 주도적으로 해야 할 주체임을 인식하고 있고, 단절에서 오는 그리움의 정서와 어려움에 대한 극복 의지가 확고하고, 어려움 극복에 대한 긍정적 생각을 갖고 있다.

또한 취향과 자기감각에 대한 인식이 있었다. A는 혼자서 하는 활동을 좋아하고, 가족이나 친구를 좋아하고 물질적인 관심은 소박하다. 자신의 새로운 미적 감각에 대한 새로운 인식을 하고 있다.

3.1.2 사회적 정체성

다음은 A의 글 자료에 나타난 사회적 정체성을 살펴보고자 한다. 우선 대인관계를 살펴보면, A는 먼저 결혼 이전 가족인 원가족에 대해 표현하고 있다. 앞서 살펴 본 〈글 자료 4〉를 다시 살펴보도록 한다.

> 북한의 유명한 ○○도자기 공장
> 답사로 들러서 산 빨간 고추양념통
> 그것은 고마운 양념통
> 엄마에게도 우리 가족의 둘도 없는 기쁨
> 빨간 고춧가루를 담을 때마다 흐뭇해하는 엄마
> 한 가족의 둘러앉아 소박한 식탁에서도 유난히 빛나던 양념통
> 오늘은 그 빨간 사과 고추통을 찰흙으로 내 손으로 빚었네.

〈글 자료 4〉

〈글 자료 4〉는 과거 회상 후 답사 때 사왔다던 빨간 고춧가루 양념통을 찰흙으로 빚고 난 후 쓴 시이다. 이 시에서 과거 답사 때 길을 잃었던 답사의 공간적 배경, 답사 때 사온 빨간 고춧가루 양념통, 그 양념통이 있었던 식탁, 그 식탁에서 둘러앉아 밥을 먹는 가족들, 그리고 빨간 고춧가루 양념통을 아끼며 좋아했던 엄마를 형상화하고 있다. A가 가족과 특히 엄마와의 추억을 통해 가족과 엄마와의 관계를 주목해서 살펴보고 있다.

〈글 자료 6〉에서는 자녀들에 대한 관계를 살펴볼 수 있다.

> 오늘 나에게 소중한 것일수록 너무 집착하지 말고 내려놓는 것도 중요함을 느낀다. 그래야만 내 자신이 힘들지 않고 계속 앞으로 나갈 수 있다는 것을 새삼스럽게 느꼈다. 그리고 이제는 나도 내 인생을 살아야하겠다는 나를 위해서, 너무 아이를 위해서 쓰지 말아야겠다는 것 등을 느낄 수 있었다. 천천히 그리고 좀 더 깊이 있게 자신의 일상을 돌이켜보는 좋은 시간인 것 같았다. 〈글 자료 6〉

A는 〈글 자료 6〉에서 자신이 소중한 대상에 집착하는 것이 자신을 힘들게 한다는 것을 표현하고 있다. 집착의 대상 중 하나로 자녀를 언급하고 있다. 이는 자녀들에 대한 자신의 태도에 대한 생각으로 이어진다.

〈글 자료 7〉은 미래일기인데 여기서도 자녀와의 관계를 살필 수 있다.

> 행운
>
> 나의 꿈이 오늘 현실로 되었다.
>
> 나의 소박하고 안온한 생각이 오늘 현실로 되기까지는 참 많은 어려움과 힘든 나날들이 있었다. 아이들에게 그때 나의 이 소박한 꿈을 이야기했었을 때 천진한 우리 아이들의 말은 나를 충격에 빠뜨렸다. "엄마 우리랑 같이 바닷가에서 살자! 나도 바닷가에서 살고 싶어. 고기 잡으면서 내가 잡은 고기를 엄마가 먹는 게 난 좋을

> 것 같아!"
>
> 나는 그 이후로 단 한번도 바다에서 살고 싶은 이야기를 꺼내지 않았다. 내 자식들에게는 어부가 되라는 말을 하기 싫었던 것이다. 20년 후 갈매기 떼가 춤추는 하늘을 올려다보며 백사장에서 책을 보며 나의 시원한 마음을 열 수 있고 바다와 속삭일 수 있는 것이 얼마나 다행이고 행운인지... 그 누구도 몰랐다. 바다 물결은 나의 마음을 알아주는 것마냥 세차게 파도가 친다. 〈글 자료 7〉

미래일기 활동은 20년 후의 어느 하루에 일어난 일을 그림일기로 그리고 쓰는 활동이다. 이 글에서 A는 자신이 원하는 삶과 아이들이 살기를 바라는 삶이 일치하지 않을지도 모른다는 두려움과 걱정을 표현하고 있다. 그래서 A는 아이들에게 자신이 원하는 삶을 숨기고 어부로 표현되는 소박한 삶을 살지 않게 하고 나중에 자신만 바닷가에서 소박한 삶을 사는 모습을 상상하였다. 그런데 미래일기 속 A와 자녀와의 관계는 서로 이해하는 친밀한 관계가 아니다. 소박한 삶이라는 자녀의 소망과 부모의 소망이 일치하지만 부모는 자녀의 소망에 귀 기울이지 않고, 자신의 생각을 잘 이해시키려고 하지 않는다. 이를 〈글자료 6〉, 〈바닷새 이야기〉, 〈참여후기〉에서 살펴 본 피해의식, 조급함과 연관시켜 살펴보면, A가 자녀 관계에 있어서 자녀에게 거는 기대와 계획이 크게 설정되어 있어서 자녀의 문제에 조급한 면을 보이고, 이것이 자신의 삶에 피해의식과 소통 부재에서 오는 외로움과도 연관된다.

글 자료에 나타난 친구와의 관계를 살펴보기로 한다.

> 나의 희망 나의 꿈
> ○○여자 중학에서 시작되었던가.
> 친구들과 함께 웃고 떠들던 그때의 나.
> 자만에 넘쳐 있었던 나.
> 지금은 과연 그들을 만나볼 수 있을까?
> 나의 희망 나의 꿈
> ○○여자 중학에서 시작되었던가. 〈글 자료 8〉

> 지금 나에게 물어본다면 나의 중학교 시절이 가장 그립다. 뛰뛰기, 널뛰기, 책 읽고 아이들에게 들려주는 그 기쁨과 즐거움 자신감이 넘쳐나던 시기였다.
>
> 그리고 많은 친구들도 생각하면 보고 싶다 그리고 그립다. 그들이 지금 어떻게 지내고들 있는지 궁금하다. 오늘 그림을 그려 보면서 스쳐 지나는 생각들 중의 하나가 바로 내가 제일 곡절을 겪던 20대 초반 직장상사들과의 만남이고 낙패(?)를 알게 된 것이다. 내가 만약 중국에 안 나왔으면 북한에서 어떤 모습으로 있었을까 하는 생각이 든다. 〈글 자료 9〉

〈글 자료 1〉에서 창꽃이 고향, 산, 친구로 연상되고, 〈글 자료 8〉에서도 자신의 과거 중 가장 즐겁고 유쾌했던 시절을 중학교 시절로 보고 있고, 그 시절의 친구들에 대한 그리움을 표현하고 있다. 〈글 자료 9〉에서도 〈글 자료 8〉과 마찬가지로 중학교 때 친구들, 친구들 속에서 즐겁고 유쾌하고 자신감 있었던 자신의 모습에 대해 표현하였다 또한 20대의 직장상사와의 관계 실패에 대해서도 언급하고 있다.

다음은 글쓰기 자료에 표현된 배우자와의 관계에 대해 살펴보기로 한다.

> 사랑하는 ○○에게
>
> 우리가 좋은 인연으로 만나지는 않았어도 오늘까지 오기는 같이 했었고 당신과 그리고 나의 노력도 많았어. 그러니 자꾸 혼자 간다는 생각을 버리고 나를 끝까지 잡고 놓아주지 말았으면 좋겠어. 그래서 우리가 향유하는 목적은 같지 않아도 목적지까지는 같이 가고 싶어. 노력하자! 글은 배우면 되는 거구. 의지만 있으면 그 어디들 꼭 같이 갈 수 있다고 믿어. 당신 ○○이 사랑하고 아이들 사랑하는 마음이 나랑 똑같지 않아! 그러니 꼭 함께 끝까지 갈 수 있을 거야. 파이팅해. 〈글 자료 13〉

배우자에게 쓴 편지에서 지금까지 함께 해온 노력의 의미를 되새기고, 끝까지 함께 하고 싶은 소망을 표현하며, 의지만 있으면 극복할 수 있음을 설득하고 있다. 그리고 어려움을 극복해야 하는 이유를 자녀에게 두고 있다. 극복 의지는 내적 정체성에서도 확인해 볼 수 있었는데 배우자와의 관계에서도 배우자에게 극복 의지를 같이 갖도록 독려하고 있다.

A는 대인관계를 살펴보는 활동에서 북한이탈주민들이 서로 반목하고 시기하는 현실에 대한 안타까움을 표현하고, 가족, 친척, 주변에 도움을 주신 분, 갈등이 있는 사람들이 자신에게 주는 긍정적 영향에 대해서도 감사함을 표현하였다. 대인관계도에서는 종교 생활을 같이 하는 사람들을 누락하였고, 누락 이유로 그 사람들의 기대에 부응하지 못하는 부담감 때문인 것 같다고 하였다.

북한이탈주민의 한 사람으로서 다른 북한이탈주민에 대해 부끄러움을 느끼고, 도움을 주는 남한 사람들에게 감사함을 표현하고 있다. 이러한 구조가 지속될 때는 수혜자로서의 감사함과 함께 부끄러움의 정서가 동반되고 남한 주민에 대해 열등감이 생길 수 있어서 콤플렉스와 연관된다.

정리하면 A는 자녀와 남편과의 관계에서 자녀의 미래를 위해 소박한 자신의 꿈을 잠시 미뤄두고 묵묵히 이를 인내하는 엄마의 정체성을 갖고 있으며, 남편과의 관계에서도 남한사회에 적응하는 것이 어려운 남편을 격려하고, 함께 어려움을 극복할 것을 독려하는 강인한 아내의 정체성을 갖고 있다. 그러나 그 과정에서 오는 집착, 외로움의 정서를 확인할 수 있다. 또한 남한사람들과의 관계를 통해서는 감사함과 부끄러움의 정서를 갖게 되므로 열등감, 피해의식 등으로 동등한 관계를 맺기 어려움이 예상된다. 콤플렉스와도 연관된다.

3.2 사례 B

3.2.1 개인내적 정체성

B의 글에서는 탈북과정과 남한 사회 정착 과정에서의 어려움에 대한 극복 의지를 확인할 수 있다.

> 비가 오나 눈이 오나 자기의 꿋꿋함을 알리기 위해 뿌리를 밟고 자란 나무와 같이 〈글 자료 1 중에서〉

> 나 자신의 인생을 살면서 나에게도 무엇을 좋아하고 잘 할 수 있는지 더 잘 알게 된 것 같습니다. 꿈이 있어 행복한 우리라고 생각합니다. 열심히 일하고 더 많이 봉사도 하고 더 행복한 삶을 살기 위해 노력하겠습니다. 〈글 자료 2 중에서〉

> 자기의 꿈이 소중하기에 굳세게 지키기 위해 노력한다.
>
> 행복을 누리기 위해 굳세게 자라는 나무, 세상은 너무나 크고 행복하게 지나오며 굳세게 자란 나무. 〈글 자료 3 중에서〉

〈글 자료〉1, 2, 3에서 극복의지를 살필 수 있는데, 특히 〈글 자료 1〉, 〈글 자료 3〉에서는 자신의 이미지를 '나무'로 표현하여 자신의 꿈을 위해, 행복을 위해서 굳세고 꿋꿋하게 자라나는 성품을 나타내고 있다. B는 자기 자신에 대해 삶의 어려움 앞에서도 그 어려움을 잘 극복하는 굳센 성격으로 자신을 인지하고 있다.

또한 B는 일도 공부도 최선을 다해 주도적으로 하고 있으며, 과거의 삶과 다른 상황에 자기 스스로 변해야 한다는 생각을 가지고 있다.

> 나의 생각을 적어보았습니다. 소중한 것들을 다시 찾을 날이 오겠지요. 빨리 왔으면 좋겠습니다. 그날은 누가 거저 가져다 주는 것이 아니라 나의 노력과 생각. 우리가 마음을 합쳐서 서로 도우면서 살다보면 나의 소중한 것 모두의 소중한 것들을 찾게 될 것입니다.
>
> 〈글 자료 4〉

〈글 자료 4〉에서는 미래에 긍정적인 결과가 주어지는 것이 아니라 자기 스스로 노력해야 하며 스스로 변화를 해야 함을 표현하고 있다.

〈글 자료 5〉에서는 북한이탈주민들의 부적응에 대한 글이다.

> 그러나 다르게 생각하고 다르게 말하는 것도 이해된다. 왜냐하면 거의 절반 50%가 대한민국에 와서 정착을 잘 하지 못하고 있기 때문이다. 나는 제3국에서 중국에서 가슴 아픈 시련과 힘든 일을 겪어서인지 대한민국에 입국하여 정착을 잘 하였다고 생각합니다. 배우는 시간, 일하고 퇴근하여 하루 2-3시간 인터넷 강의를 듣다보면 탈북자들의 생활과 현실을 잘 알기 때문이다. 지나온 생활을 뒤돌아 보지 말고 내가 변해야 사는 게 지금의 세상이다. 내가 변

하고 내가 먼저 다가가고 일도 공부도 열심히 할 때 세상은 밝고 환하다고 생각한다.

돈 많이 벌어 잘 사는 게 지금의 현 시간을 잘 적응하는 것이다. 항상 웃으며 열심히 돈 벌고 긍정적으로 세상을 보며 살아가는 것이 나의 좋은 인생 좋은 시간이 되리라고 믿으면서 간단히 적어봅니다. 〈글 자료 5〉

〈글 자료 5〉에서 B는 자신이 남한에 잘 적응하였다고 생각하고 있다. 그 이유로 제3국에서, 중국에서 가슴 아픈 시련과 힘든 일을 겪은 것과 남한에서 배우고 일하고, 적극적으로 변화하려고 한 것을 들었다. 자신을 변화하여 일도, 공부도 열심히 할 때 긍정적인 미래도 생각할 수 있다고 하였다.

〈글 자료 6〉에서는 긍정적인 삶이 가져다 줄 밝은 미래에 대해 믿음을 갖고 있음을 확인할 수 있다.

내가 제일 사랑하는 것, 모자가 어디 갔을까? 누구에게 물어보니 못 보았고 모른다 할 때

가만히 생각해 보니 제일 사랑하는 가족과의 이별, 돈 벌려고 나온 길이 영영 되돌아 갈 수 없고 차?지 못하는 것과 같은 사랑하는 혈육과의 이별. 어떤 때는 멍 때리고 누워있고 약을 먹고 잘 때도 있고 하지만 열심히 일 하구 돈 벌구, 배우고, 노력하여 나 하나뿐이 아니라 우리 모두가 마음을 합쳐 고향에 갈 그날을 생각하며 살면 그 곳에 갈 날이 있겠지.

내가 제일 사랑하는 모자를 노력하여 찾는 것처럼 열심히 돈 벌고 살아가노라면 사랑하는 혈육들과 만날 날도 올 것입니다. 포기하지 않고 사노라면 자기 옆의 친구들과 사람과의 만남이 좋은 일만 가져다주겠지. 이해를 많이 하며 살다보면, 다른 사람에게 고마운 말 한 마디를 하다보면, 이 세상에 사는 사람들의 마음이 합쳐 통일이 오게 되면, 나의 혈육들과도 만나게 될 것이라고 믿으며 귀중한 모든 것들이 내 옆에 모이게 된다. 신이 우리 모두에게 영원한 보물을 안겨 주게 될 것이라고 믿는다!!! 〈글 자료 6〉

〈글 자료 6〉은 그림책을 읽고 자신의 생각을 표현한 글이다. B는 그림책에서의 문제 상황을 자신이 처해 있는 문제 상황으로 연결하여, 가족들과의 이별, 이별의 아픔을 갖고 있었으나, 자신이 현실 속에서 할 수 있는 것들을 최선을 다해 노력하면서 고향에 가서 가족을 만날 수 있는 미래에 대해 긍정적인 생각을 한다. 포기하지 않고 주변 사람들과 좋은 관계를 유지하는 것도 자신이 생각하는 긍정적인 미래와 연관되는 것으로 생각한다. 그리고 이런 초월적인 태도를 통해 영적인 부분으로 승화시키는 모습도 확인할 수 있다.

B가 좋아하는 것에 대해 쓰기 활동에서 쓴 내용이다.

TV 드라마 보기

컴퓨터로 사이버 강의 듣기

옷 사 입기

과일 먹기

요리 만들기

친구들과 식당에서 밥 먹기

회사에서 점심 먹기

동해바다 놀러가기

주말 안마산 오르기

걷기 운동

홈쇼핑하기

아침 시간 뉴스 듣기 〈글 자료 7〉

B의 기호와 취향을 볼 수 있는데, B가 좋아하는 것의 특징은 활동 위주라는 것이다. 활동을 구분해 보면, 자기 개발을 위한 활동인 '사이버 강의 듣기', '뉴스 듣기', 건강을 위한 활동인 '주말 안마산 오르기', '걷기 운동', 여가 활동으로 '동해바다 놀러가기', 기타 일상활동으로 '옷 사 입기', '홈쇼핑하기', '과일 먹기', '요리 만들기'가 있다. 유일하게 사람 중에서 '친구'와 식당에서 밥 먹기를 좋아한다고 하였다. B는 활동적인 것을 좋아하는 취향이 있음을 알 수 있다.

〈글 자료 8〉, 〈글 자료 9〉에서 B의 목표의식을 확인할 수 있다.

목표를 세우고 어디까지 왔나. 자격증을 가지고. 나의 행복한 삶을 살아가고 있는지 통일된 내 나라를 위해 내가 무엇을 해야 하는지. –〉 대학을 졸업해야 자격증, 상담사 자격증 취득, 돈을 잘 벌어 잘 사는 것. -> 징검다리 하나 하나가 저는 목표라고 생각합니다.

〈글 자료 8 중에서〉

〈글 자료 8〉은 현재 자신의 인생이 있기까지 징검다리 역할을 한 것에 대해 생각해 보고 쓴 글이다. B는 이 글에서 인생의 징검다리 역할을 한 것은 목표들이었다고 언급하고 있다. 〈글 자료 9〉에서는 삶 자체가 도전이고, 목표가 있어야 한다고 하였다.

삶 자체가 도전이다. 목표가 있어야 한다. 신뢰를 떠나서 도전이나 목표를 이룰 수 있다. 〈글 자료 9〉

3.2.2 사회적 정체성

B의 글에서는 북한에 두고 온 아들을 위해 경제적으로, 심리적으로 후원하고 지지해 주는 어머니로서의 정체성이 뚜렷이 나타난다.

아침 6시 30분에 일어나 간단히 밥을 먹고 8시에 회사로 출근하였습니다. 오전 근무 시간과 오후 근무 시간은 무탈없이 일에만 전념하고 저녁 5시 30분에 퇴근하여 아들과 전화를 30분간. 먹고 살 돈도 은행에 가서 부쳐주고. 이 시간 교육에 참가하고 있다. 교육에 참가하고 앉아 있으면서, 인생은 참 힘들면서도 보람 있다고 생각

합니다. 〈글 자료 10 중에서〉

〈글 자료 10〉에서 아들과 전화하고, 아들에게 돈을 보내고 난 후 자신의 삶이 힘들지만 보람이 있다고 표현하면서 자신의 삶의 보람을 아들에게서 찾는 것을 확인할 수 있다.

바닷새가 왜 죽었을까요.

새는 자기의 삶의 터전이 바뀌어 먹을 것을 주어도 먹지 않았다. 바닷새는 바다가 옆에서 살아야겠는데 왕궁 안에서는 못산다. 또 자기의 알(새끼) 때문에 걱정을 하였다고 생각합니다.

〈글 자료 11 중에서〉

아무리 삶의 터전이 바뀌었다고 해도, 먹고 살아서 돌아갈 생각을 해야지 나흘간이나 먹지 않았기 때문에 죽는 길만 택하면 어떡하지. 〈글 자료 12 중에서〉

〈글 자료 11〉은 장자의 바닷새 이야기를 듣고 등장인물인 바닷새가 죽은 이유를 쓰는 글에서 바닷새에 자신을 투사하는 것을 확인하게 된다. B는 바닷새가 왕궁에서 살지 못하는 이유가 자기 알(새끼)을 걱정하기 때문이라고 하였다.

또한 '바닷새에게 하고 싶은 말'을 쓴 〈글 자료 12〉에서는 자기 자신에게 하는 말처럼 상황에 자포자기하고, '죽음'이라는 선택을 한 바닷새를 책망하고 있다.

〈글 자료 13〉에서 직장생활, 사회생활을 통해 형성된 인간관계에서 감사함과 타인에 대한 긍정적 생각을 유지하는 것을 확인할 수 있다.

> 회사가 고마웠습니다. 월 급여 외 지원금 120만원을 수고했다고 통장으로 넣어주었습니다. 감사한 마음에 5만 정도의 음료수, 초콜릿 사탕을 사 가지고 회사에 가 고맙구 감사합니다. 서로의 인사. 아름다운 사회의 한 모습입니다.
>
> 지금의 알바 회사. 나이가 45세까지만 받는데 52세인 저를 믿고 받아주어 감사했습니다. 한국인 나라가 감사. 열심히 일하고 차까지 있는 조건으로 받아주셔서 감사합니다.
>
> 하나센터가 감사합니다. 인문학 교육장으로 불러주셔서 배울 수 있는 기회를 주셔서 감사합니다.
>
> 〈글 자료 13 중에서〉

직장에서 남한사람과의 관계에 있어서도 일방적인 수혜자의 입장이 아니라, 자신이 할 수 있는 방법으로 감사함을 표현하는 모습을 확인할 수 있다. 당당한 남한사회의 한 일원으로서 자부심을 갖는 데 도움이 될 것으로 보인다. 또한 자신이 직장생활에서 결격 사유가 있음에도 취업이 된 상황에 대해, 제공되는 교육의 기회를 제공한 기관에 대해서도 감사함을 표현하고 있다.

4. 나가며

본고는 자아 정체성의 개념과 구성요소를 중심으로 북한이탈주민의 인문치료 글쓰기에 나타난 자아 정체성에 대하여 고찰하였다.

본고에서 살펴 본 두 사례에서 A는 자신의 성격을 역동적으로 구조화하고 있다. 성격에 대해서는 과거와 대비하면서 천진, 유쾌함, 자신감이 있던 자신이 20대부터 소심하고 조용하고 무뚝뚝한 성격으로 변화되었고, 현재 조급함과 피해의식이 있는 것으로 자신을 보고 있다. A의 두드러진 특징은 행복, 새로운 사회의 구성원으로서 자신의 역할을 잘 하기 위해서 주도적으로 해야 할 주체임을 인식하고 있고, 단절에서 오는 그리움의 정서와 어려움에 대한 극복 의지가 확고하고, 어려움 극복에 대한 긍정적 생각을 갖고 있다.

또한 A는 자녀와 남편과의 관계에서 자녀의 미래를 위해 소박한 자신의 꿈을 잠시 미뤄두고 묵묵히 이를 인내하는 엄마의 정체성을 갖고 있으며, 남편과의 관계에서도 남한사회 적응의 어려움에 봉착한 남편을 격려하고 함께 어려움을 극복할 것을 독려하는 강인한 아내의 정체성을 갖고 있다. 그러나 그 과정에서 오는 집착, 외로움의 정서를 보이고 있다.

남한사람들과의 관계를 통해서는 감사함과 부끄러움의 정서를 갖게 되므로 열등감, 피해의식 등으로 동등한 관계를 맺기 어려움을 보여준다.

B의 글에서는 남한 사회에 정착하는 과정에서 어려움에 대한 극복의지를 확인할 수 있다. 또한 과거의 상황과 다른 사회에서 자신이 주도적으로 변화해야 한다고 생각한다. 그리고 현실적으로 남한 사회에 적응하는 것의 어려움과, 다른 북한이탈주민의 부적응에 대한 현실 인식도 있다. 그리고 자신이 남한 사회에서 비교적 적응을 잘하고 있는 것은 중국에서의 시련 때문이라고 생각한다. 고난에 대한 긍정적 관점의 해석을 볼 수 있다. 자신의 미래에 대해서도 긍정적인 삶에 대한 인식을 갖고 있다. 긍정적인 미래를 위해서 현재 자기 주변에 있는 사람들과 좋은 관계를 유지하는 것에 의미 부여를 한다.

사회적 정체성에서는 북한에 두고 온 아들을 위해 경제적으로 심리적으로 후원하고 지지하는 어머니의 정체성을 갖고 있다. 또한 직장생활에서의 관계에서 타인에 대한 긍정적 생각을 유지하고, 남한 사람들에게 수혜자의 입장이 아니라 감사함을 표현할 줄 아는 남한사회의 일원으로서의 자부심을 갖고 있다.

* 이 글은 필자의 논문 "A Study on the Self-Identity of North Korean Defectors in Humanitarian Writing Materials"(Multi-Cultural Contents Studies Vol 23(December, 2016: 25-50)을 번역 · 수정 · 보완한 것임.

■ 참고문헌 ■

김성원(2015). "원가족의 정서적 건강성이 중학생의 자아정체성과 의사소통 및 대인관계에 미치는 영향" 백석대 기독교상담학 박사논문

이희정(2001). 품행장애 청소년의 도덕적 정서와 자아 정체성. 연세대학교 박사논문

박진우(2015). "다문화가정 청소년의 자아정체성 형성경험에 관한 연구". 중앙대 박사학위논문

박아청(1999). "인간이해를 위한 개념들: 콤플렉스와 아이덴티티", 사회과학논총 18(1). 계명대학교 사회과학연구소. 49-62.

박아청 · 이승국(1998). "청소년의 자아정체감과 신뢰감과의 관계", 아동교육 제7권 제1호. 217-229.

박아청(2000). "성인기의 자아 정체감 형성에 관한 일고찰" 사회과학논총 제19권, 2호. 47-61.

정성미(2014). "북한이탈주민의 소통능력 증진을 위한 인문치료" 다문화콘텐츠연구 제16집. 157-189.

정성미(2015). "북한이탈주민의 언어표현과 치유-〈북한이탈주민의 인문학교실〉 사례를 중심으로, 우리말교육현장연구 제9권 제1호, 121-150.

Damon, W. & Hart, D.(1988). Self-understanding in childhood and adolescence. CA: Cambridge University Press.

Erikson, E. H . (1956). Childhood and society . New York : Norton .

북한이탈주민의 진로정체성에 관한 고찰

권오상 · 이진남

1. 서론

현재 우리나라에서 이루어지는 대부분의 진로상담은 실증주의적 방법에 근거하여 진행된다고 볼 수 있다. 개인적인 차원에 있어서 그것은 심리검사에 근거하여 진로방향을 설정하고 직업선택이 이루어진다. 사회적 차원, 혹은 공공의 차원에 있어서 그것은 취업자 수와 실업자 수, 그리고 취업률과 실업률의 통계치를 만들어 제시하고 정책을 개발하는 방법으로 이루어진다. 북한이탈주민에 대한 진로상담 또한 그러한 실증주의적 방법이 대세를 이루고 있다. 거기서도 마찬가지로 개인의 특성을 심리검사로 측정하고 그 결과에 따라 진로의 방향을 설정하고 직업을 선택한다. 또한 북한이탈주민의 하나원 교육후 취업률을 통계적으로 산출하여 제시하고 있다.

그런데 진로상담에 있어서 그런 방법은 결국 인간의 외적 측면을 중요한 대상으로 하는 것이라고 볼 수 있다. 그것은 개인에 의해서 드러나는 성격이나 흥미 특성을 기반으로 하며, 심리검사 결과가 그러한 특성을 말해주는 근거라고 생각한다. 그러나 이러한 실증주의적 접근은 인간의 특성의 일부만을 드러내 보이고, 그것이 그 인간의 주된 특성으로 간주해 버림으로써 성급한 일반화의 오류를 낳을 가능성이 있다. 또한 개인에 의해서 드러난 외적 측면만을 중시하기 때문에 인간을 대상화하거나 사물화할 위험성마저 갖고 있다.

따라서 본 연구가 토대로 삼고자 하는 것은 구성주의적 방법이다. 그것은 인간이 자신의 삶을 스스로 구성해 나간다는 전제를 그 기반으로 하고 있다. 인간의 삶은 무엇인가에 의해 결정되는 것이 아니라 자기 자신에 의해서 스스로 결정해 나간다는 논리다. 그런 구성주의적 입장에서 진로상담은 개인이 자신의 삶을 디자인하거나 재디자인 하도록 돕는 것이다.

그러한 구성주의적 방식에 의한 진로상담에서 중요시되는 것은 내담자의 내러티브다. 내러티브는 개인이 처한 상황과 경험에 관심을 가지며 그 경험에 의미를 부여하는 작업이다. 이야기하기의 과정을 통해서 내담자가 경험한 세계를 이해할 수 있고 의미를 부여할 수 있으며, 새로운 삶의 의미를 만들어 갈 수 있다. 본 논문은 이러한 내러티브 방식이 진로상담에 어떻게 적용될 수 있는지에 관심을 갖는다. 그리고 그런 방식을 북한이탈주민의 진로정체성 형성과 관련하여 어떻게 적용될 수 있는지 고찰해 보고자 한다.

2. 북한이탈주민의 진로실태에 대한 생애사적 분석

2.1 북한이탈주민의 경력경로분석

북한이탈주민들의 경력경로분석을 생애사 중심으로 살펴보면, 그들의 직업적응과정은 경력형성기, 경력성장기, 경력성숙기, 경력은퇴기[1)]로 구분해 볼 수 있다. 이 절에서는 북한이탈주민들이 남한에 들어와 정착하는 단계에 초점을 맞춰 경력형성기와 경력성장기, 경력성숙기를 중심으로 살펴보고자 한다.

첫째, 북한이탈주민들의 경력형성기를 살펴보면, 그것은 북한→제3국→남한 초기 단계까지가 포함된다. 북한이탈주민들이 제 3국 특히 중국에서 겪는 직업경험을 살펴보면 대체로 직업 경력의 단절 또는 저하를 경험한다. 북한에서 고학력 전문 직업직군에 속했던 몇몇 사람들을 제외하고는 대부분 중국에서 제대로 된 직업을 가지지 못한다. 그것은 직업이라기보다는 생존을 위한 생계활동으로 인식되며, 여성의 경우 중국 현지인과의 결혼, 중국진출 남한 기업의 도움을 받기도 한다.(김현수외,2013)

남한에서의 초기 적응 단계를 살펴보면, 우선 북한이탈주민들은 한국에 입국 후 먼저 하나원에 입학하여 소정의 교육과정을 마친다. 그 교육과정을 마치고 나오면서 그들은 무언가 열심히 해야 한다는 생각을 공통으로 가지게 된다. 그러나 그들은 무엇을 어떻게 해야 할지를 구체적으로 정리하지 못하는 상황에 처하게 되며, 그냥 내던져지는 느낌으로 남한에서의 사회생활을 시작하게 된다. 이 과정에서 그들은 취업 준비를 위하여 학원에 등록을 하거나, 바로 직장을 알아보고 취업을 하는 등 이제까지와는 다른 모습으로 남한 사회에서의 경력경로를 그리게 된다. 그러나 이 때 많은 북한이탈주민들은 첫 직장에 대해 실망감을 나타낸다. 그것은 자신의 적성과 흥미, 북한에서의 경력, 일자리에 대한 충분한 정보 등을 고려하지 않고 취업한 결과로 인한 것이다.

북한이탈주민들이 한국에 입국하면, 한국에 대해 전반적으로 긍정적인 이미지를 가지게 되나 대부분 정서적 소외감을 느끼고, 사회적 자존감을 상실하게 되며, 그들의 표현대로 이른바 '바닥'을 친다고 한다. 그래서 북한이탈주민들의 경력도표를 살펴보면 한결같이 'U자형' 경력패턴을 보인다. 가장 낮은 저점은 중국 등에서 겪는 제 3국 시절이고, 남한에 입국하여 바닥을 치고 올라가면서 상승하는 패턴이다.(Ibid)

둘째, 북한이탈주민의 경력성장기의 특징은 다음과 같다. 이 단계에서 북한이탈주민들은 본격적으로 중장기적 시각에서 하나의 단일한 경력경로를 찾아 지속적으로 발전시켜 나가게 된다. 북한이탈주민들이 이 단계에서 겪는 중요한 생애사적 사건으로는 북한 학력과 자격인정문제, 학업의 지속 문제 등이 있다. 여기서 고려해 보아야 할 것은 우선, 북한이탈주민은 북한에서의 교육 이수 결과를 남한에서 인정받고 있다는 사실이다. 그런데 북한에서 고등교육기관에 진학할 수 있는 기회는 부모가 당원이거나, 본인이 매우 뛰어난 능력을 가지고 있는 경우 등으로 한정되어 있다. 따라서 북한에서 고등교육을 이수하고 남한에 정착한 사람들의 경우 북한에서의 사회·경제적 지위가 상대적으로 높았을 가능성이 높다. 이들은 북한의 학력을 인정받아 남한에서 대학에 편입학함으로써 빠르게 남한에 정착할 수 있는 가능성이 높다고 볼 수 있다. 더 나아가 북한에서 취득한 보건의료 분야나 전문기술 분야의 자격은 남한에서 소정의 평가 과정을 거쳐 남한의 자격을 취득할 수 있어 남한 정착에 도움을 주는 요인으로 작용한다.

셋째, 북한이탈주민의 경력성숙기의 특징은 다음과 같다. 우선 북한이탈주민들의 남한 정착과정에서 중요한 것은 초기에 어떤 직장이나 직업 그리고 사람을 만나서 정보를 접하느냐 하는 것이다. 즉, 경력개발과정에서 직장의 선택과 이동은 자신이 경험하고 이해한 범위에서 이루어진다고 볼 수 있다. 다음의 사례는 그것을 잘 말해 준다.

> "사실은 회사 카센터 경리를 하면서 제가 느꼈던 것은 사람은 제일 처음에 뭘 접하느냐에 따라서 너무너무 중요한 거예요. 딱 그걸 접하니까 야 나도 이제 카센터를 해야 되겠다 이러한 생각이 드는 거예요."(Ibid)

또한 경력성숙기의 북한이탈주민들은 대학과 대학원에 진학하거나 직장생활을 하면서 만나는 사람들과의 교류를 통해 인맥을 형성함으로써 다음 단계의 경력개발에 필요한 자원으로 연결되기도 한다. 이러한 북한이탈주민들에게 도움을 주는 조력자로서 대표적인 사람들은 대학의 지도교수이다. 즉, 대학이나 대학원으로 진학하는 북한이탈주민의 경력이동에 많은 영향을 미치는 사람이 바로 지도교수이기 때문이다. 지도교수는 북한이탈주민의 수업지도 등의 학교생활뿐만 아니라 구직정보 제공, 학회모임 등의 공식 · 비공식 네트워크에의 참여에 이르기까지 큰 영향을 미치고 있다.

2.2 북한이탈주민 경력경로의 사례와 그 문제점

지금까지 우리는 북한이탈주민들의 남한에서의 직업적응과정을 경력형성기, 경력성장기, 경력성숙기의 경력단계에 따라 살펴보았다. 김현수 등은 이 단계에 따라 북한이탈주민들의 직업이동경로를 추적하여 5가지로 제시[2) 하고 있는데 필자는 그 내용을 다음 3가지로 압축하여 정리해 보고자 한다. 그것은 첫째, 북한의 직업과 동일하거나 유사한 직업분야의 경력경로를 갖는 경우, 둘째, 남한에서 북한과 동일한 직업은 아니더라도 관련된 직업분야에 종사하는 경우, 셋째, 북한의 경력과 무관한 분야에 종사하고 있는 경우로 구분해 볼 수 있다. 다음 표는 한국직업능력개발원이 조사한 북한이탈주민들의 직업이동경로이다. 여기서는 위의 세 가지 사례에 맞춰 제시해 보고자 한다.

구분	현재 직업	북한에서의 직업	직업이동경로	경력 연계
1	교사	고등중학교 교사	고등중학교 교사-식당안내원-초등학교 교사	경력 연계
2	한의사	양의사	양의사-다단계판매원-사무직-한의사원장	
3	식당 종사자	선반기사	선반기사-장사-간판공장-식당 종사자	

1)은 북한의 직업과 동일하거나 관련 있는 전문분야의 경력경로를 갖고 있는 경우이다. 2)는 남한에서 북한과 동일한 직업은 아니더라도 관련된 직업분야에 종사하는 경우에 해당한다. 3)의 경우는 북한의 경력과 무관한 분야에 종사하고 있는 경우라 할 수 있다.

그런데 대다수의 면담 대상자들은 북한의 경력과 무관한 분야에 종사하고 있으며, 그 분야에 취업을 선택한 이유는 주로 먼저 정착한 북한이탈주민이나 주변 사람의 추천이나 소개에 의존하여 취업정보를 획득하게 되는 경우가 많다고 한다. 또한 그들의 직업이동경로를 분석해 보면 북한에서 가졌던 직업과 전혀 무관한 직업을 갖고 활동한 경력을 갖고 있다. 예를 들면 북한에서 고등중학교 교사였던 1)의 경우는 남한에 와서 식당안내원을, 북한에서 양의사 직업을 가졌던 2)의 경우는 다단계 판매원을, 북한에서 선반기사 직업을 가졌던 3)은 장사와 간판공장 경력을 갖고 있다. 이러한 사례들은 북한이탈주민들이 남한에 와서 북한에서의 경력이 제대로 활용되지 못하고 있음을 의미한다.[3] 또한 그들의 재능이나 적성이 직업선택에 제대로 반영되지 못하고 있음을 의미한다고 볼 수 있다. 그것은 그들이 한국에 들어와서 하나원 등에서 받는 직업교육과 진로지도가 그들의 경력이나 적성을 제대로 반영하여 이루어지지 못한다는 사실을 방증하고 있다.

물론 북한이탈주민들이 그들의 북한에서의 경력을 한국사회에서 제대로 활용하지 못하는 것에는 한국사회의 경제 상황의 어려움이나 직장문화 등도 고려되어야 할 것이다. 1998년 IMF 이후 기업의 지속적인 구조조정은 하나의 트렌드가 되었고 그것은 민간경제 뿐만 아니라 공공부문에까지 확산되었다. 그러한 구조조정은 장기고용을 계약직, 임시직, 시간제, 파견제 고용으로 교체시켰다. 이러한 연유에서 비롯된 일자리 불안은 현대 한국사회 노동의 특징을 대변하며 그와 함께 비정규직이 노동계의 전면에 등장하게 되었다.

또한 북한이탈주민들의 경력 문제에는 그들이 한국에서 직업훈련수당을 받을 수 있는 기간과도 관련이 있다. 그들이 직업훈련수당을 받을 수 있는 기간이 1년이기 때문에 전문직인 경우 그 기간 동안에 훈련을 받고 자격을 취득하여 취업을 하기는 어렵다고 할 수 있다. 직업훈련은 거주지보호기간인 5년 동안 받을 수 있지만 훈련수당은 1년 동안만 지급되기 때문에 수당지급기간이 끝난 이후에는 직업훈련을 그만 두고 어떤 직장이든 닥치는 대로 취업하려는 경향이 있는 것이다.(이달곤외, 2008) 이러한 것들은 북한이탈주민들이 한국에 와서 그들의 경력과 적성을 제대로 활용하지 못하게 하는 중요한 이유라고 할 수 있다. 그러나 필자는 이러한 이유들에 한 가지 덧붙여 직업과 관련한 북한이탈주민 연구 방법론에서 그 문제점을 찾아보고자 한다.

3. 북한이탈주민 직업경로 연구방법

3.1 실증주의 패러다임과 그 한계

지금까지 북한이탈주민의 직업 및 진로에 관한 연구는 주로 실증주의 패러다임이 적용되어 이루어졌다. 실증주의 패러다임은 어떤 현상을 외부적 시각으로 보는 것으로서, 연구자는 자신의 이론적 틀에 맞추어 관찰하고 검증하는 방법을 사용한다. 그것은 양적 연역적 연구 방법으로 연구 결과의 일반화에 관심을 갖는다. 이러한 실증주의 패러다임의 대표적인 논리는 인간의 행동이 사회구조적으로 결정된다는 입장을 취하는 구조 결정론적 시각이다. 이러한 구조결정론적 입장은 남북한 이질성 연구나 북한이탈주민의 부적응에 관한 연구에 적용되어 북한이탈주민을 이해하는 데 도움을 준 의의도 있다. 그러나 그러한 구조결정론적 입장에는 남한적 개념들이 준거가 되어 북한을 설명하는데 우월적 태도를 취하거나 남북한의 상호 이해와 공존이 어렵다는 속단을 내리기도 하는 한계를 가지고 있다.(이기범,2001)

북한이탈주민의 직업 연구와 관련하여 그런 실증주의적 패러다임은 북한이탈주민이 남한 사회에서 현재 취업상태인지 아닌지의 결과를 드러내는 데에만 관심을 갖는다. 그것은 외적으로는 관찰할 수 없는 북한이탈주민의 진로에 대한 태도, 의지,의미, 가치 등에 관한 내용은 의미 있게 다루어지지 않는다. 따라서 그것은 북한이탈주민이 남한 사회에서 어떠한 직업경로를 거치는지의 과정에 대해서는 충분한 탐색과 이해를 하는 데에는 한계가 있다.(강일규,2010) 특히 연구과정에서 북한이탈주민은 연구자의 틀을 뒷받침하는 하나의 사례로 취급될 수 있으며, 연구자와 다른 삶의 지평을 가진 대등한 존재로 존중되지 못하는 문제점도 있다. 다시 말해서 피연구자로서의 북한이탈주민은 능동적인 삶의 주체, 고유한 개별성을 가진 존재로 간주되지 않으며, 그들이 만들어 가는 사회적 의미에 대한 이해를 설명하지 못하는 한계가 있다.(Ibid) 따라서 남한에서 적응하는 북한이탈주민이 가지는 사회적 의식구조와 진로발달과정을 이해하기 위해서는 그 대안적 방법론이 요구된다.

그런데 최근의 연구동향을 살펴보면, 탈실증주의(post-positivism) 패러다임으로서 구성주의적 시각을 연구방법으로 채택하는 경우를 볼 수 있다. 그것은 인간과 사회의 상징적 상호작용의 입장을 취하는 것으로서 북한이탈주민들이 새로운 사회에 적응해 가는 과정을 현상학적으로 연구하고 있다.(김경미, 2011) 이러한 연구는 실제의 일상적 언어를 내부자의 시선으로 관찰하고, 연구자는 성찰적 협력자로서 참여자의 삶에 적극적으로 참여함으로써 참여자의 상황에 대한 정의를 깊이 이해할 수 있도록 한다.

3.2 구성주의 패러다임

이러한 탈실증주의 패러다임은 피연구자의 상황에 대한 정의를 보다 깊이 있게 이해하고자 한다. 그것은 어떤 특수한 결과를 설명할 수 있는 깊이 있는 이해에 목적을 두고, 이야기와 의미를 만들어 내는 방법들에 대해 보다 풍부한 접근을 시도하는 것으로서 귀납적 · 질적 연구방법을 사용한다. 이러한 탈실증주의 접근은 그 동안 구조결정론적으로 바라보았던 북한이탈주민의 적응 문제를 그들이 주체적으로 구성해 내는 사회와 세계에 대한 이해를 통해 보다 풍부하게 탐색할 수 있도록 한다.

이러한 연구는 북한이탈주민들이 남한에서 살면서 타인들과의 상호교류과정을 이해할 수 있는 네러티브를 깊이 있게 관찰하는 것으로서 구성주의적 접근에 그 토대를 두고 있다. 그것은 북한이탈주민들이 말하는 이야기와 그 의미를 탐색할 수 있도록 하며 그들의 개별존재성을 존중하면서도 깊이 있는 삶의 본질을 이해할 수 있게 한다. 또한 그들의 진로와 관련한 사회문화적 맥락을 심층적으로 이해할 수 있게 한다.

진로발달과 관련하여 구성주의는 자기구성 모델(self-construction model)로서 설명된다. 자기구성 모델은 사회학적, 인지론적, 역동적 구성주의 접근으로서 내담자의 직업발달을 중재하기 위한 토대가 될 수 있다.(Jean Guichard, 2012) 특히 이 모델은 다음과 같은 두 가지 양상을 갖는다. 첫째는 사회학적 차원으로서 서구의, 예를 들면 백인, 가톨릭, 엔지니어 등

특수한 사회적 맥락에서 자기 구성이 어떻게 이루어지는지를 설명할 수 있다. 둘째는 한 사람의 생활양식과 관련된 것으로서, 그 생활양식과 밀접하게 관련된 자기 도식(self-schmata)과 한 사람의 삶을 이야기 하는 전기적 형식들을 포함한다. 여기에서 개인적으로 구성한 이야기는 사람들과의 상호작용과 대화가 하나의 인지구조로 드러나게 한다. 그러한 인지구조는 개인의 정체성 구조의 주관적 체계로서 그들 자신의 인격성과 행동방식과 관련하여 그들 자신을 구성하게 한다.

이러한 자기구성 모델에 근거한 진로상담은 개인들로 하여금 자신의 삶을 디자인하거나 재디자인 하도록 도울 수 있다. 그런데 이러한 진로상담은 개인의 특수한 상황과 관련된 것으로서 각 사람이 직면하는 이슈에 따라 다르게 진행될 수 있다. 예를 들어 정리해고를 당하고 새로운 수입의 원천을 찾는 성인 노동자에 대한 진로상담은 미래에 대한 분명한 전망을 세우려는 청소년에 대한 상담과는 다른 것이다.

이러한 자기구성 모델은 북한이탈주민들이 남한에 입국한 후 경험하는 직업적응과정에 대한 깊이 있는 탐색을 가능케 한다. 그것은 이야기와 의미를 풍부하게 다룰 수 있는 내러티브 방법을 통해 이루어질 수 있다. 또한 그것은 북한이탈주민의 개별존재성을 존중하면서도 그들의 깊이 있는 삶의 본질을 이해하고, 진로를 둘러싼 사회문화적 맥락과 의미를 심층적으로 이해할 수 있게 한다.

〈표〉 실증주의 패러다임과 구성주의 패러다임 비교

구분	실증주의	구성주의
출발점	이론 / 외부 / 기술적 언어	관찰 / 내부 / 일상적 언어
일상에 대한 설명	초상황적	상황적
사회과학적 설명	일반화 가능성	시 · 공간적 특수성
연구자	외부전문가	성찰적 협력자
진리관	절대주의적 / 정태적	상대주의적 / 동태적
연구목적	설명과 평가	이해와 변화

출처 : 강일규 외, 『북한이탈주민 중 북한자격인정자의 직업경로 실태 연구』, 한국직업능력개발원, 2010, p.93

3.3 내러티브 탐구

자기구성 모델은 북한이탈주민의 직업경험에 관한 질적 연구와 직업적응과정, 그리고 노동시장에서 경험하는 갈등의 문제 등을 내러티브의 방법을 통해 탐구할 수 있게 한다. 북한이탈주민의 진로발달에 관한 탐구 또한 이야기에 관한 연구방법인 내러티브 탐구 방법을 적용할 수 있다. 내러티브 탐구 방법은 경험이 사회 문화적으로 해석/재해석되면서 구성된다는 사회구성주의를 토대로 하고 있는 것으로서, 개인 · 사회 · 문화적 경험을 표현하는 언어, 즉 이야기에 초점을 두고 생생한 경험과 의미를 총체적으로 탐색할 수 있다.(강일규외, 2010)

내러티브 탐구는 인간이 처한 상황과 경험에 최대의 관심을 가지며 경험에 의미를 부여하는 가장 좋은 방법이라고 할 수 있다. 이야기하기 과정은 자신이 경험한 세상에 대한 의미를 만들어 가는 과정이다. 내러티브 탐구는 경험의 이해, 의미의 해석과 재해석의 과정을 보여주는 것으로 볼 수 있으며, 개인의 자율성을 토대로 구성하는 경험 세계를 보여주는 것이라고 할 수 있다.

이러한 내러티브 탐구는 존 듀이(J. Dewey)의 사회구성주의적 경험론을 바탕으로 하고 있다. 듀이는 내러티브 탐구 방법을 어떤 한 장소, 또는 일련의 장소에서 개인과 환경의 상호작용 속에서 일어나는 탐구이며, 그 개인의 삶의 이야기라고 말한다. 그래서 내러티브 탐구는 한 개인이 처한 삼차원 공간에서의 경험에 초점을 둔다.

듀이의 삼차원 공간은 상황, 지속성, 상호작용으로 구성된다. 그리고 그것이 내담자의 경험에 관한 사고의 틀을 제공한다. 내러티브 탐구는 내면(Inward), 외면(Outward), 그리고 앞(Forward), 뒤(Backward)의 방향으로 여행할 수 있으며 특정 장소 안에 위치할 수 있다. 여기서 내면은 내담자의 감정, 희망, 도덕성과 같은 내적 상태를 의미한다. 외면은 내담자가 처한 환경 상태를 의미한다. 앞과 뒤는 시간성으로서 과거, 현재, 미래를 의미한다.내담자의 경험은 이러한 네 가지 방향으로 이야기될 수 있다.(Ibid)

이러한 내러티브 탐구는 내담자의 경험에 있어서 '무엇이 사실인지'를 발견하고자 하는 방법이다. 그리고 그것은 내담자의 경험과 사실을 어떤 의미 있는 형태로 만들어내게 된다. 즉, 내담자는 내러티브를 통해 자신의 경험에 대한 의미를 만들어 갈 수 있다. 이러한 내러티브 탐구에서 가장 중요한 기술은 그 이야기를 하는 '사람에 대한 순수한 관심'이다. 듀이의 관점에서 볼 때 인간은 그들이 표현하는 이야기는 독립된 어떤 것이 아니라 항상 세상과 연결되어 있다. 그래서 서로 다른 언어들은 서로 다른 세계를 이해하는 방법을 반영한다. 다시 말해서 "우리의 이야기 안에 우리의 인생이 있다"(Ibid)

북한이탈주민의 내러티브 탐구는 그들의 탈북과정, 제 3국 체류과정, 입국 후 정착과정에 대해 이루어질 수 있다. 이 과정에 대한 내러티브에서 북한이탈주민은 북한에서의 다양한 전문기술과 경력을 이야기할 수도 있고, 그러한 기술을 남한에서 활용할 수 있는지에 대해 이야기할 수도 있다. 또한 자신의 미래 전망에 대해서도 이야기할 수 있다.

4. 진로발달의 추동 요인

4.1 진로발달 추동 요인의 개별화

지금까지 우리는 직업적응에 관한 연구가 실증주의 패러다임을 지양하고 구성주의 패러다임으로 진행되어야 하는 필요성에 대해 고찰해 보았다. 그런데 특히 북한이탈주민들의 직업적응과정을 자기구성 모델, 내러티브 탐구 등 구성주의 패러다임으로 연구해야 하는 이유는 무엇인가? 이제 필자는 그 이유를 현대 진로상담에서 중요하게 대두되고 있는 진로발달 추동요인의 개별화와 관련지어 설명해 보고자 한다.

과거 산업사회의 전통적인 관점에서 볼 때 개인의 진로궤도(career trajectories)는 보다 안정적인 환경에 둘러싸여 있었으며, 어린 나이에 종종 부모의 영향을 받아 진로를 선택하는 경우가 많았다. 그리고 개인의 진로를 관리하는 주체는 주로 기업과 같은 조직이었으며, 개인은 일생동안 한두 군데 직장을 옮겨 다녔다. 진로의 설계는 전 생애에 걸쳐 장기적으로 이루어졌으며, 개인의 진로변화는 점진적이었다.

그러나 현대 탈산업사회의 진로 궤도는 조직보다 개인에 의해 핸들링되며 그 역동성이 커졌다. 그래서 개인은 그의 지식과 기술을 계속적으로 새롭게 해야만 하며, 그것은 개인의 발달적 양상과 맞물려 간다. 더욱이 행동역량(behavioural competencies)이라고 부르는 개인적 지식, 기능과 의지 등과 같은 활동원리는 개별화로 그 무게가 옮겨가고 있다. 자기관리의 내적 전문성 또한 개별화되는 것으로 생각되고 있다.(Massimo Tomassini, 2015)

마찬가지로 진로지도와 진로상담의 특수한 영역에 있어서도 개별화된 경향을 지닌 새로운 틀이 요구되고 있다. 한마디로 그것은 '범위 없는 진로', '변화무쌍한 진로'라는 특성을 나타낸다. 이러한 특성들은 진로궤도를 개별화된 역할과 행동으로 이해하도록 한다. 이러한 현상들은 현대 사회의 생애 학습(lifelong learning)과도 관련되어 있다. 과거에는 생애학습의 책무가 공적, 사적 영역에 함께 주어져 있었으나, 현대 사회는 그 책무의 비중이 점차 개인에게로 옮겨 가고 있다. 그 결과 발달 지도와 상담 중재에 있어서도 개인의 역할의 중요성이 커지고 있다. 그것은 개인적 지지(individual support)를 위한 필요성이 커지기 때문이다.(Ibid)

이러한 현상이 나타나는 이유는 첫째로 기술혁신을 들 수 있다. 현대 사회는 기술 혁신으로 인해 노동력의 리스크(risk)가 증가하고 있으며, 그것은 이미 수많은 노동자들에게 영향을 미치고 있다. 그러한 리스크는 낮은 기술을 가진 노동자들뿐만 아니라 전문적인 기술적 지식을 가진 노동자들에게도 마찬가지로 작용하고 있다. 둘째, 글로벌 경제 현상은 결과적으로 고용위기에 부정적인 영향을 미친다. 글로벌 경제현상으로 인해 노동시장은 매우 허약한 모습을 보이고 있다.[4)] 그런 경우 노동시장은 효과적인 진로지도와 고용시스템을 갖추기가 어렵다. 그 결과 많은 사람들에게 효과적인 진로지도 서비스를 제공할 수 없게 된다. 특히 나이가 든 노동자들에게 그런 서비스를 제공하기는 더욱 어려워질 수 있다.

그러나 진로의 자기관리(career self-management)라는 차원에 있어서 그런 현상들은 자신의 진로를 더욱 잘 인식하고 더욱 역동적인 태도로 나아가도록 하는 문화적 변화를 가져올 수 있다. 이미 전통적인 산업조직에 있어서 직업을 가지려는 사람들 사이에 그런 중요한 변화가 나타나고 있다. 그들은 전통적인 잡 패턴(job patterns)을 신봉하는 사람들이었으나 점진적으로 그 태도가 바뀌어 가고 있다. 그들은 이미 일과 삶의 균형을 중시하면서도 고용의 구조적인 불안정성과 유연성을 수용하는 태도로 바뀌고 있다.(Ibid)

4.2 진로발달 개별화의 요인

고용의 심리사회학적 모델을 제시한 퓨게이트(Fugate)등에 따르면, 고용 가능성은 서로 내적으로 연관된 세 가지 영역, 즉 적응가능성, 진로정체성, 인간과 사회자본을 포함한다고 말한다.(Sarah McArdle, 2007) 그 중에서도 진로정체성은 고용과 관련하여 가장 중요한 요인이라고 말할 수 있다. 진로정체성(career identity)이란 개인이 진로 맥락에서 자기 자신을 규정하고 그것을 진로 기회의 나침반으로 사용할 수 있는 능력을 말한다. 한마디로 진로정체성은 개인의 진로와 관련하여 '왜'라는 물음에 대답할 수 있는 능력(knowing-why)을 반영한다.(Ibid)

그 능력은 진로동기, 인간적 의미, 그리고 개인적 가치와 같은 속성을 포함한다. 새로운 진로환경에서 진로궤도의 외적 측면이 보다 적게 작용될 경우, 그러한 진로나침반의 내적 사용은 진로 방향을 제시하는데 보다 중요하게 작용할 수 있다.

그리고 오늘날과 같이 변화가 심한 진로 환경에서 진로정체성은 어떤 특수한 일(job)이나 조직으로부터 분리될 필요가 있다. 그 대신에 개인의 인격적 가치, 동기, 그리고 더 넓은 진로 흥미를 더욱 중시할 필요가 있다. 예를 들어 MBA를 수료한 학생들은 그들의 효과적인 진로목표 설정을 위해 진로가치와 욕구, 그리고 동기를 성찰한다. 특히 진로전환의 시기에 진로정체성은 진로목표 수립과 진로결정의 안내자로서 중요한 역할을 할 수 있다. 또한 진로정체성은 실업(unemployment)의 시기에 자기 존중감을 높이는 데 중요한 역할을 할 수 있다.

진로정체성은 개인이 그의 진로와 관련하여 보다 폭 넓게 자기 자신을 규정하게 해준다. 개인의 진로정체성은 개인으로 하여금 특수한 회사나 직위로부터 더욱 쉽게 분리될 수 있게 해준다. 그것은 특정한 조직이나 일로부터 독립적으로 자기 자신을 규정함으로써, 실업의 충격으로부터 개인의 자아개념과 자기존중감을 보호할 수 있으며, 불확실한 상황에서 개인에게 방향을 제시해 주는 역할을 할 수 있다. 따라서 진로정체성은 실업의 시기에 개인에게 진로방향을 제시해 줄 수 있으며, 직업탐색에 있어서도 너무 많은 직업의 갈래로부터 개인에게 유효한 방향을 제시해 줄 수 있다. 이와 같이 진로정체성에 근거한 자기이해는 직업탐색행위에 있어서 매우 중요한 역할을 한다.

그런데 구성주의적 접근에서는 진로정체성을 인격적 정체성 또는 주관적 정체성과 관련하여 설명한다.(Jean Guichard외, 2012) 구성주의에서는 정체성을 역동적인 주관적 정체성 형식((subjective identity form)의 체계로서 기술한다. 주관적 정체성 형식이란 각각의 주관을 개별적 구성체로서 기술하는 것을 말한다. 여기에서 개인은 과거에 구성하고 이행해 온 것과 같이 미래에도 자기 자신을 구성하고 이행할 것을 기대한다. 주관적 정체성의 형태는 어떤 주어진 환경에서 자기 자신을 표현하고 이미지화하는 방식으로 존재하고, 행동하며, 상호작용하는 구조로 정의될 수 있다. 일반적으로 주관적 정체성은 특수한 사회적 역할과 관련된다. 예를 들어, 학교에 다니는 어떤 학생은 그 자신을 고등학교 학생으로 생각할 수 있다. 그렇지만 주관적 정체성 형식은 학생 이외에 더 많은 역할을 포함한다. 그 학생은 이러한 역할에서 자신을 생각하는 방식과 저러한 역할에서 자신을 생각하는 방식을 가질 수 있다. 예를 들면 학교에서의 역할과 가정에서의 역할, 친구로서의 역할을 생각해 볼 수 있다.

각 개인은 그러한 맥락에 따라 그들 자신의 구별된 주관적 정체성을 구성한다. 그런데 그들의 서로 다른 주관적 정체성에 따라, 개인은 어떤 맥락에서는 이런 방식으로, 다른 맥락에서는 저런 방식으로 행동하고, 상호작용한다. 이러한 주관적 정체성은 특수한 사회 환경(예를 들어 고등학교 학생과 같은)에서의 범주를 이야기하거나, 지역 공동체의 정체성을 이야기할 수 있다.(Ibid)

4.3 진로정체성의 세 가지 요인

이러한 진로정체성에 관한 논의는 일/고용 궤도의 개별화(individualisation)와 관련하여 다음과 같이 설명될 수 있다. 세데포프(Cedefop)[5]는 그러한 개별화의 세 가지 추동을 성찰(reflexivity), 자기 정체성(self-identity), 그리고 회복력(resilience)과 관련하여 설명한다.(Massimo Tomassini, 2015) 필자는 여기에서 말하는 일/고용 궤도 개별화의 세 가지 추동이 진로정체성의 세 가지 요인과 관련될 수 있다고 생각한다. 이제 그 내용을 하나씩 고찰해 보고자 한다.

우선 성찰은 삶의 결정적인 계기에 있어서 인간의 주관성(human subjectivity)을 어떤 프리즘을 통해 보는 것이다. 또한 그것은 개인이 자신의 존재와 행동을 둘러싼 환경과 관련하여 자신에게 가장 깊이 연관된 행동을 선택하고 계획하는 것을 말한다. 성찰은 모든 정상적인 사람들에 의한 정신 활동의 규칙적인 연습이며, 그들 자신의 사회적 맥락과 관련하여 고려되는 것이다. 이런 관점에서 자율성(Autonomy)과 판단의 독립성이 특히 강조되며, 개인의 행동과 사회적 구조 사이의 상호관계에 대한 결정론을 극복해야 한다. 특히 현대 사회에서 성찰의 중요성은 새로운 상황에 직면해서 '무엇을 할 것인가'(what to do)를 지시할 수 있는 지침과 밀접하게 연관되어 있다. 결과적으로 그것은 모든 사람들이 반성적 숙고를 하도록 하는 어떤 지침을 구성한다. 그런 반성적 숙고는 주관의 내적 변화와 마찬가지로 간주관적인 변화를 포함할 수 있다.

이러한 성찰과 밀접하게 연관된 것이 곧 자기 정체성(self-identity)이다. 현대 사회에서 개인은 유기체적 · 사회적 역할을 통해 안정된 인격성을 갖기가 어렵다. 현대적 의미에서 개인은 그녀/그 자신의 주관적/ 행위적 지위에 대해 끊임없는 재-시험(re-examination)을 받도록 강요되고 있다. 그런 관점에서 자기 정체성은 반성적인 시도, 혹은 반성적인 프로젝트로서 설명될 수 있다. 그것은 끊임없이 교정되는(revised) 전기적인 내러티브, 그리고 다양한 선택의 맥락에 그 토대를 둔다. 그것은 개인의 사회적 행위가 반성적 인생 계획(life-planning)에 근거하며, 그들의 환경에 따라서 자기 정체성을 구성해 나가는 것에 근거하기 때문이다. 이러한 과정은 역동적이며, 많은 변칙성과 모순들에 개방되어 있다. 그것은 전통적인 의미에서 사회적 정체성을 형성하는 것, 즉 과거의 엄격하고 결정론적 패턴들과는 거리가 멀다.(Ibid)

특히 고용과 진로의 영역에서 개인들은 많은 대안적 행동 가능성을 필요로 한다. 그러한 대안적 행동 가능성에 있어서 개인의 특수한 결정은 심사숙고된 행동 과정에서 비롯된 것이며, 그런 경우 보다 성숙된 행동이라고 말할 수 있다. 그리고 그러한 심사숙고된 과정에서 개인의 행동 규칙들이 보다 잘 확인될 수 있기 때문이다. 이와 관련하여 브라운(Brown)은 전략적 행동 목록(strategic action repertoires)이라는 개념을 제안하고 있다.(Ibid) 그것은 일의 맥락에서 행위자의 정체성과 변화에 대한 개인의 적응적 반응을 결정하기 위한 것이다. 또한 그것은 짧은 기간, 그리고 긴 기간의 적응과 자기 개발을 위한 전략적 경력주의(strategic careerism)의 구성을 위해 필요하다.

이제 회복력은 앞의 두 가지 추동요인을 분석하고 보완하는데 사용될 수 있는 것이다. 그것은 중요하고 결정적인 개인의 성격으로 인식되고 있으며, 개인적 행위에 대한 현실적이고 전인적인(holistic) 이해를 위해 중요하게 인식되고 있다. 이러한 회복력에 대한 탐구는 약 40년 전부터 이루어졌으며, 의학적이고 심리학적 접근, 특히 발달적 관점에서의 과학적 탐구와 관련하여 연구된 것이었다. 회복력은 삶에서 역경과 어려움에 부딪쳤을 때에도 성공적인 길을 찾고, 건강한 기능을 갖게 하는 인격적 특성과 기능에 관한 것이다. 그것은 그런 어려운 상황에서 어떻게 잘 회복되는지, 그리고 그런 상황으로부터 얼마나 온전히 회복되는지와 같은 의미로 기술될 수 있다. 더 나아가 역경에 직면해서 계속 앞으로 나아갈 수 있는 능력과 관련된 지속가능성(sustainability)의 의미로 기술될 수 있다.

그런데 최근에는 성인의 회복력에 보다 더 큰 관심을 갖고 있으며, 인간 조건의 내면적 복잡성이 강조되고 있다. 그래서 개인의 사회적 요인들과의 상호작용을 참작하지 않는 관점이 강조되는 경향이 있다. 이런 의미에서 볼 때, 회복력은 개인의 의식적, 무의식적인 행동을 검토해 보는 것이 더 중요하다. 특히 어떤 반응을 요구하는 기대되지 않는 환경과 마주할 때 그 의미가 더욱 분명해진다. 그런 환경에서 회복력은 운명적인 계기(fateful moments)와 변화하는 상황에 마주하여 적절한 행동을 취할 수 있는 능력으로 간주된다.

또한 회복력은 변형된 전망(transformational perspectives)에 초점을 맞출 수 있는 능력으로 간주될 수 있다. 이런 의미에서 회복력은 소위 변형된 학습(transformational learning)과 매우 관계가 있는 것으로 생각된다. 그것은 어떻게 그들의 행동 과정을 재구성하고 새로운 관점을 받아들이는지와 동일시 될 수 있다.(Ibid)

회복력은 인생에서 어려운 시기에 작용하는 일반적인 인간의 능력으로 볼 수 있다. 그것은 개인적 차원에서 운명적 계기가 나타나고, 중요한 관점의 변형이 일어날 때 나타난다. 이런 의미에서 회복력은 성찰과 자기 정체성 구성에 밀접하게 연결되어 있다. 삶에 있어서 어렵고 고통스러운 사건들과 시기가 중요한 선택을 하는 계기가 될 수 있기 때문이다. 진로 발달의 과정에서 회복력은 그것이 발휘된 범위의 서로 다른 수준들과 관련된다. 어떤 경우에 회복력의 태도는 운명적인 계기나 사건에 의해서 진로결정의 중요한 계기가 될 수 있다. 그것은 개인의 삶에 있어서 드라마틱한 전환을 일으키기도 하기 때문이다.

5. 북한이탈주민의 진로정체성 형성 사례

이제 앞에서 논의한 내용과 관련해 볼 때, 북한이탈주민들은 한국에 들어온 이후 그들의 진로정체성이 어떻게 형성되는지 살펴보고자 한다. 북한이탈주민들은 북한의 사회주의 체제에서의 직업생활과 남한의 자본주의 체제에서의 직업생활의 차이로 인해 많은 고통을 겪고 있다. 특히 직업선택의 문제에 있어서 북한은 그 선택의 권한이 국가에 있는 반면, 남한은 개인에게 있다. 그래서 그들은 남한에 들어온 후 개인의 직업선택의 자율성이 결여된 채 하나원과 같은 남한 정부기관의 상담에 의존하여 직업을 선택할 수밖에 없다. 그것은 한편으로 남한 정부기관의 진로·직업상담사가 상담을 어떻게 하느냐에 따라 북한이탈주민 개인의 진로가 크게 달라지는 결과를 가져올 수 있다. 특히 상담을 어떻게 하느냐에 따라서 북한이탈주민의 북한에서의 직업경력이 잘 활용될 수도 있고, 전혀 활용되지 못할 수도 있다. 따라서 진로상담은 북한이탈주민의 진로정체성과 관련하여 매우 중요한 의미를 지닌다고 할 수 있다. 여기서는 남한 정부기관의 상담에 따라 북한이탈주민이 성공적인 직업선택을 하지 못하여 실패한 경우와 그와 반대로 성공한 경우를 살펴보고 그것이 그들의 진로정체성에 어떤 영향을 주었는지 고찰해 보고자 한다.

5.1 진로정체성의 혼란을 겪은 사례

– 북한에서 약제사 경력을 가진 B씨

북한에서 약제사 경력을 가지고 있는 B씨는 아이 둘을 데리고 탈북하여 한국에 정착하게 되었다.(강일규외, 2010) 한국에 들어와서 가장 먼저 하나원에서 교육을 받았다. 그런데 하나원에서는 북한에서 무슨 일을 했던지 모두 내려놓고 밑바닥부터 시작하라고 강조하였다. 그래서 당시 B씨는 무슨 일이든지 해야겠다고 생각했다. 서울에 정착지를 정한 B씨는 오직 아이 둘을 학교에 보내고 돈을 벌어야겠다는 생각에 벼룩시장 신문에서 일당 9만원을 주는 일자리 정보를 접하게 되었다. B씨는 생각할 겨를도 없이 전화를 걸어 찾아갔다. 그런데 그곳은 유흥업소였다. 그곳이 유흥업소인 것을 나중에 알고 온몸이 오싹해졌다. 그 경험을 한 후 B씨는 한 동안 일자리 찾기가 두려웠다. 그 후 한참 동안 B씨는 무슨 일을 해야 할지 엄두를 못내다가 청소일, 파출부일 등 마다 않고 특별한 기술 없이 몸으로 일을 하였고, 돈이 되는 일이면 닥치는 대로 하였다. 아이 둘을 교육시켜야 한다는 의무감은 B씨로 하여금 무슨 일이든지 하게 하였다. 그러다가 낮에 일하면 80만원, 밤에 일하는 100만원을 주는 김제조 생산직으로 취업했다. 몸은 고되고 힘들어도 일을 하면 일정한 돈을 벌 수 있었다.

그러다가 남한에 정착해서 일 년쯤 지난 어느 날 경찰청으로부터 전화를 받았다. 군인, 공무원, 학생 등을 대상으로 안보강사를 할 수 있느냐는 내용이었다. B씨는 안보강사라는 새로운 직업을 접하게 되었다. B씨가 안보강사가 된 계기는 북한에서 대학을 졸업하여 대중을 상대로 강의를 할 수 있다고 생각한 정부 당국 때문이었다. 그 때 B씨는 처음으로 북한에서 대학을 나온 것에 대해 뿌듯함을 느꼈다. 그 때부터 B씨는 자신이 남한 사회에서 무엇을 할 수 있는지를 깨닫게 되었다. B씨는 대학원생들을 대상으로 강의를 하는 기회가 있었는데, 자신의 강의를 듣는 학생들이 북한학 전공자라는 사실을 알게 되었다. 그래서 자신이 북한에서 살았었다는 사실은 북한학을 공부하는데 도움이 될 거라고 생각하게 되었다. 또한 강사활동을 하면서 알게 된 사람들도 북한학을 공부할 것을 권유했다. 사실 B씨는 그동안 청소부, 파출부를 하면서 지적 공허감을 느꼈다. 그것은 B씨로 하여금 공부를 더 하고 싶은 마음을 불러 일으켰다. B씨는 북한학 대학원 진학을 위해 북한의 대학 학력 인정서를 통일부에 신청하였고 학력을 인정받았다. 결국 북한학 대학원에 입학하게 되었다. 그런데 북한학 대학원을 다니고 있던 중 현직 약사와의 만남을 갖게 되었다.

> “저는 그 때 충격을 받았어요. 북한에서 10년 약사를 하면서도 이곳에 와서 약사를 해야겠다는 생각은 미처 못 했어요. 하나원에서 그런 건 꿈조차 꾸지 못했어요. 그래서 접고 있었죠. 그런데 현직 약사를 하시는 분이 ‘왜 그 경력을 살리지 않고 버리느냐’고 말하면서 지금도 늦지 않으니 다시 도전해 보라는 거예요.”(Ibid)

그런데 통일부에 찾아가서 약사인정을 받고자 하였으나 북한의 약사 자격을 가져오라는 것이었다. B씨는 북한을 탈출하여 넘어오기 급급했기 때문에 그런 증빙자료를 챙겨올 수가 없었다. 그래서 B씨는 한국에서 다시 약대를 가서 약사 자격증을 따겠다고 결심하게 되었다. 재외국민특별전형으로 B씨를 받아줄 수 있는 대학을 찾아보았다. 그래서 서울에 있는 모 대학의 약대 3학년에 편입하게 되었다.

B씨는 약학대학 졸업을 앞두고 약사국가고시 준비를 해야 할 시기가 왔다. 그런데 그 때 북한학 석사과정을 수료한 상태에서 졸업 시한이 도래하였다. 약사고시 준비 시기인데 북한학 석사논문을 쓰지 않으면 수료로 끝나고 말게 되었다. B씨는 약사국가고시와 북한학 석사논문을 병행하는 것이 너무 큰 부담이 되었다. 결국 B씨는 약사국가고시는 나중에 해도 기회가 있으므로 북한학 석사논문을 쓰기로 마음먹었다. 결국 B씨는 북한학 석사과정을 마치고 박사과정에 입학하여 지금까지 3학기를 다녔다.

B씨는 지금 북한학으로 진로를 정할지, 아니면 약사국가고시에 합격하여 취업을 할지 진로를 확실하게 결정하지 못한 상태다. 그러나 B씨는 북한에서의 전공과 적성을 살리고 싶어 한다. "나이가 먹고 힘이 들더라도 공부를 다시 해서 북한에서의 전공, 적성을 살리고 싶습니다. 전문직에 대한 자존심을 살리고 싶습니다"(Ibid) 또한 B씨는 약사 국가고시에 합격하는대로 북한학 박사과정을 마치고 박사학위 취득을 계획하고 있다.

우리는 B씨의 진로정체성 사례를 진로발달 개별화의 세 가지

요인에 따라 분석해 볼 수 있다. 우선 B씨는 입국 초기 청소 일, 파출부 일, 김제조생산직 일 등을 하면서 자기 자신에 대한 성찰이 이루어졌다고 볼 수 있다. 자신이 북한에서 10년 동안 해왔던 약제사의 일과 너무 동떨어진 일을 하면서 자신의 정체성에 대한 성찰을 하게 되었을 것이다. 그 다음 안보강사라는 새로운 직업을 접하면서 B씨는 북한에서의 생활과 연관된 일을 하게 되었다. 그것은 한국에서 자신의 진로정체성을 새롭게 형성하는 계기가 되었을 것이다. 또한 한국에서 새로운 일을 접하면서 회복력을 경험하는 계기가 되었을 것으로 생각된다. 그러나 B씨의 마음속에는 북한에서 자신이 해왔던 약사 직업을 갖기를 원했다. 그래서 약사자격국가고시에 도전하게 된다. 그것은 자신의 진정한 진로정체성, 혹은 자기 정체성을 찾고 회복하고자 하는 욕구가 있다고 볼 수 있다.

B씨가 처음 한국에 왔을 때 하나원 직업교육에서 무슨 일이든 밑바닥부터 해야 한다고 말한 것은 B씨의 진로정체성을 형성하는데 걸림돌이 되었다고 볼 수 있다. 하나원 직업교육에서 B씨의 북한에서의 직업을 살릴 수 있는 진로지도가 이루어질 수 있었다면 B씨는 훨씬 쉽게 자신의 진로정체성을 형성할 수 있었을 것이다. 또한 안보교육 강사와 약사라는 직업은 한 사람이 동시에 하기가 현실적으로 어려울 수 있다. 하나원 직업교육 단계에서 진로지도가 제대로 이루어졌다면 B씨는 다중 진로선택의 혼선을 겪지 않을 수도 있었을 것이다.

5.2 진로정체성의 혼란을 겪지 않은 사례

– 북한에서 분석화학기사 경력을 가진 D씨

북한에서 분석화학기사 경력을 가지고 있는 D씨는 자기와 같은 북한이탈주민은 그저 밑바닥부터 일을 해야 한다고 생각했다. 그러나 북한자격인정을 위한 제도와 교육이 있다는 말을 듣고 북한자격을 인정받고 북한의 경력과 관련된 남한의 자격증도 취득하고 싶어졌다.

> "하나원 진로상담교사가 북한의 자격도 남한에서 인정받을 수 있고, 관련된 일을 포기하지 말고 해보라는 겁니다. 그럴 수 있다고 용기를 주더란 말입니다. 하나원 수료하면 자격인정 이렇게 하는 거다. 저렇게 하는 거다. 일러 주셔서 하나원 나오자마자 신청해서 받았죠. 자격인정 받았을 때 기분이 참 좋았습니다. 그 자격으로 뭔가 할 수 있을 것 같았으니까요. 고맙지요. 그런 것을 자세히 일러준 선생님이…."(Ibid)

그는 북한에서 대학 졸업증과 자격증을 가지고 왔기 때문에 자격인정 시 수월했다. 또한 북한에서의 자격을 인정받는 과정은 하나원에서 진로상담교사의 안내에 따랐더니 큰 어려움이 없었다.

> "저는 북한을 떠날 때 졸업증과 자격증을 가지고 출발했거든요. 아마 필요할 것 같은 생각을 가지고 있었습니다. 그래서 자격인정

받을 때 헐했지요. 필기와 실기시험을 거치지 않고 북한의 학력과 자격을 토대로 면접과정을 치렀습니다. 북한의 용어와 남한의 용어가 다르긴 했지만 북한에서 배운 내용이나 남한의 내용이 다르지 않았습니다. 자격인정 신청을 한 지 2달 정도 후에 자격증을 받았어요."(Ibid)

그는 하나원에서 배운 대로 북한의 자격을 인정받은 후에는 관련된 일자리를 구하고자 고용노동부 고용센터에 가서 구직등록을 했다. 며칠 후 고용센터에서 6~7명 규모의 제조업에 취업할 의사가 있느냐며 연락이 왔다. "아마 자격증이 도움이 된 것 같아요. 북한사람이 자격증이 있고 하니까 아무래도 취업을 해 주는데 고용센터에서도 크게 신경을 쓴 것 같았어요."(Ibid)

6. 결론 및 시사점

앞에서 우리는 하나원에서 이루어진 두 가지 진로상담사례를 살펴보았다. 그 하나는 북한이탈주민의 진로정체성이 와해되어 혼란을 겪은 사례이고 다른 하나는 진로정체성 형성에 도움이 된 사례이다. 그 사례에서 살펴본 바와 같이 북한이탈주민들은 남한에 와서도 북한에서의 직업경력을 인정받고 싶어 한다. 특히 북한에서 자격을 획득한 사람들은 그 자격을 가지고 남한에서도 그 자격과 관련된 직업을 갖고 싶어 하는 것을 알 수 있다. 자격과 관련된 연구 결과를 보면 특히 이공계열 자격 교육과정의 내용은 남한에서의 그것과 큰 차이가 없어 보인다. 이런 내용들은 진로상담에 있어서 그들의 진로정체성을 고려해야 할 충분한 이유가 된다고 볼 수 있다.

지금까지 북한이탈주민들을 대상으로 한 진로상담은 주로 실증주의적 방법을 지향해 왔다. 실증주의 패러다임은 연구의 초점을 개인의 외적 측면에 두고, 양적 접근방법을 사용하며, 연구결과의 일반화에 관심을 갖는다. 그래서 그것은 개인의 내적 측면을 드러내는 데에는 한계가 있다. 따라서 북한이탈주민들에 대한 진로상담도 기존의 실증주의적 방법을 지양하고, 구성주의적 방법을 통하여 그들의 과거경험을 이해하고 미래의 삶의 방향을 정립해 나갈 수 있도록 해야 한다. 특히 내러티브 탐구 방법은 북한이탈주민의 북한에서의 직업경험을 잘 이해할 수 있으며, 그것을 바탕으로 남한에서의 직업선택과 진로방향을 설정하는데 도움을 줄 수 있다. 그래서 그것은 북한이탈주민들의 진로 정체성 형성에 도움을 줄 수 있다.

진로는 한 인간이 걸어가는 총체적인 삶의 과정이자 방향이다. 그래서 진로상담이나 생애설계 상담은 개인의 어떤 외적 측면이나 특정 부분만을 드러내고, 그것에 따라 이루어져서는 안 된다. 그 과정은 말 그대로 전인적인 작업이기 때문이다. 그런 의미에서 개인의 진로정체성 형성은 매우 중요한 의미를 갖는다. 진로정체성은 일이나 직업과 관련된 자기 정체성으로서 '나는 누구이며 무엇을 할 수 있는 존재인가?'에 대한 물음과 대답을 통해 형성될 수 있다. 이제 진로상담도 그런 인문학적 성찰이 필요하며 인문학적 방법을 구축해야 할 것이다.

■ 이 글은 필자의 연구논문 「북한이탈주민의 진로정체성에 관한 고찰」(『인문과학연구』52, 2017, 505-531)을 수정 · 보완한 것입니다.

1) 이 단계는 Super(1951), Hall(1976), Greenhaus 외(1999)의 경력개발 단계를 종합하여 개인의 경력개발 과정을 설정한 것이다. 이지연은 Hall과 Greenhaus의 경력개발 단계 모형과 Super의 경력개발 순환모형의 이론을 기초하여 4개 경력단계(경력형성기, 경력성장기, 경력성숙기, 경력은퇴기)의 발달과업을 설정하고 있다. 본 논문에서는 이 단계를 북한이탈주민들이 한국에 정착하는 과정에 적용한 것이다. (이지연 외, 『과학기술분야 핵심인력의 경력단계와 인적자원 정책』, 한국직업능력개발원, 2007, pp. 32~36)

2) 김현수, 이용순, 김민규는 북한이탈주민에 대한 면담을 통하여 그들의 직업이동경로를 다음과 같이 5가지로 구분하여 제시하고 있다. 1) 북한에서 군인이나 공공부문의 직업을 가지고 현재 한국에서 공무원 또는 공공기관에서 일하는 직업을 가진 경우, 2) 한국사회에서 북한이탈주민들을 공무원에 진출시키는 정부의 정책적 영향으로 공무원이 된 경우 3) 북한에서의 직업과 관련이 있는 남한의 직업을 선택하는 경우 4) 북한의 경력과 무관한 직업분야에 종사하고 있는 경우 5) 북한의 직업과 동일하거나 관련있는 전문분야의 경력경로를 갖는 경우(김현수 외, 전게서, pp. 158~159)

3) 이달곤 등은 만약 북한이탈주민이 북한에서 전문직종에서 근무하였다면 그 전문성을 기반으로 남한에서도 동일하거나 유사한 전문직에서 근무할 수 있도록 하는 전문교육이 필요하다고 말한다. 추가교육과정 및 자격시험을 통해 북한에서의 경력이 남한에서도 인정될 수 있도록 하는 제도개선방안도 고려되어야 한다고 지적하고 있다.(이달곤, 이승종, 정광호 공저, 『통일시대 북한근로자 직업훈련』, 법문사, 2008, p.93)

4) 글로벌 경제현상으로 인해 노동시장이 허약해진 경우는 이탈리아의 예를 들어 설명할 수 있다. 이탈리아는 효과적인 진로지도와 고용시스템이 부족하다는 비판을 받는다.(Massimo Tomassini,2015, p.264)

5) CEDEFOP는 유럽 연합(EU)의 분산된 기관 중 하나다. 1975 년에 설립되었으며, 1995 년부터 그리스에 본사를 두고 있다. CEDEFOP는 유럽 직업교육훈련(VET) 정책의 개발을 지원하고 구현에 기여한다. 이 기관은 유럽의 VET 정책을 개발하기 위해 유럽위원회 (European Commission), 유럽 연합 (EU) 회원국들과 사회적 파트너를 맺고 있다.

■ 참고문헌 ■

강일규, 고혜원, 『북한이탈주민의 취업촉진을 위한 직업능력개발 방안』, 한국직업능력개발원, 2003

강일규 외, 『북한이탈주민 중 북한자격인정자의 직업경로 실태 연구』, 한국직업능력개발원, 2010

권오상, 「북한이탈주민들의 직업인성에 관한 고찰」, 『철학실천과 상담』 제 6집, 2016

김경미, 『북한이탈주민의 남한 사회에서 적응경험』, 이화여자대학교 대학원 박사학위 청구논문, 2011

김현수, 이용순, 김민규, 『북한이탈주민 경력경로 분석을 통한 취업역량 강화 방안 연구』, 한국직업능력개발원, 2013

이기범, 「남북한 상호이해와 상호작용적 보편주의: 탈분단을 위한 보편주의와 상대주의적 검토」, 『교육철학』, 2001

이달곤, 이승종, 정광호 공저, 『통일시대 북한근로자 직업훈련』, 법문사, 2008

이지연 외, 『과학기술분야 핵심인력의 경력단계와 인적자원 정책』, 한국직업능력개발원, 2007

Billet, S., & Pavlova, M. (2005). Learning through working life: Self and individuals" agentic action.
International Journal of Lifelong Education, 24, 195 - 211

Brown, A., & Brown, J. (2006). Synthesising research findings on workplace learning: The experience of the UK TLRP. Paper presented at the Conference VETNET-ECER, Geneva.

Dewey, J. Experience and education. New York: The Macmillan Company. 1938

Giddens, A. (1991). Modernity and self-identity: Self and society in the late modern age. Cambridge: Polity Press

Guichard, J. Pouyaud, J. Dumora, B. Self-identity construction and reflexivity, Nova Science, New York, 2011, pp. 57-72

Jean Guichard, Jacques Pouyaud, Cecile de Calan, Bernadette Dumora, Identity construction and career development intervention with emerging adults, Journal of Vocational Behavior , Vol 81. Issue 1. August, 2012

Massimo Tomassini, reflexivity, self-identity and resilience in career development, British Journal Guidance & Counselling, 2015, Vol. 43, No. 3.

Sarah McArdle, Lea Waters, Jon P. Briscoe, Douglas T. Hall Employability during unemployment : Adaptability, career identy and human and social capital, Journal of Vocational Behavior , Vol 71. Issue 2. October, 2007

제2부 인성교육을 위한 **인문치료**

청소년 인성교육을 위한 문학치료 프로그램

이민용 · 국은순

1. 들어가는 말 : 인성교육의 필요성과 문학, 그리고 문학치료

인성교육에 대한 관심이 요즘 더욱 커지고 있다. 학교에서 학교 폭력이나 집단 따돌림 등이 문제되면서 청소년들에게 인성교육이 특히 중요하다는 것이 다시 강조되었고, 2014년 4월의 세월호 참사로 청소년들이 많이 희생된 배경에 어른들의 부정부패가 큰 원인을 제공했다는 사실이 드러나면서 올바른 인간성의 중요성에 대해 다시 한 번 깨닫게 되었다. 인성교육은 개인 인격의 올바른 성장을 위해서뿐만 아니라, 생명을 소중히 보호하고 사회의 부패와 악을 방지하기 위해서도 꼭 필요하다. 그래서 이러한 사회적 배경 속에서 우리나라에서는 최근 인성교육이 획기적으로 필요하다는 의견이 모아지면서 그 대책으로 인성교육을 의무로 규정한 세계 최초의 법 〈인성교육진흥법〉이 2015년 7월부터 시행되고 있다. 성인 2,000명을 대상으로 한 한국교육개발원의 〈교육여론조사〉에 따르면 '정부가 가장 시급히 해결해야 할 교육문제가 무엇인가'라는 질문에 전체 48%에 해당하는 959명이 '학생의 인성, 도덕성 약화'를 꼽았다고 한다. 그리고 '초중고 학생들의 인성 · 도덕성 수준은 어떤가'하는 질문에는 47.6%에 해당하는 951명이 '낮다', 24.8%에 해당하는 496명이 '매우 낮다'고 답했다.[1] 다시말해, 많은 사람들은 청소년의 인성 · 도덕성 수준이 낮기 때문에 인성교육이 우선적으로 필요하다고 생각한다는 것이다.

한편 교사들에 대한 설문조사에서는[2] 인성교육에 도움이 되는 교육활동 중에서 인문학 · 철학(23.8%)이 소통(11.5%), 나눔(11.5%), 협동학습(11.3%), 예체능활동(10.7%), 상담(8.4%), 독서(5.2%), 통합교육(5%), 비속어 수업(3.8%), 토의 · 토론(3.6%), 창의적 재량 활동(3.1%), 기타(2.1%)보다 더 필요한 교육활동으로 평가되었다. 이런 점에서 인성교육에 인문학을 잘 활용하면 아주 좋을 것이다. 그 중의 하나가 문학, 특히 시와 내러티브(narrative, 이야기, 서사)를 활용하는 방법이 될 것이다. 이런 면에서 "도덕교육에서도 내러티브를 강조하고 있는 추세" (김대균 2008: 210)라는 주장에 관심이 간다.

인성교육은 건전하고 올바른 인성을 갖춘 시민 육성을 목적으로 한다. 사실 전통적으로 동서양을 막론하고 시와 이야기(내러티브)를 활용하여 인성교육을 많이 해왔다. 공자가 『논어』의 「위정」편에서 『시경(詩經)』의 시 300여 편을 두고 사무사(思無邪)라고 하여 시를 읽으면 생각에 사특함이 없다고 한 이래로 시는 동양에서 인성교육의 모범으로 간주되었으며, 우리나라에서도 『명심보감』, 『소학』, 『논어』, 『채근담』, 『장자』, 『사기』 등의 고전 속에 있는 인성교육에 유용한 이야기나 '결초보은(結草報恩)'과 같은 고사성어 이야기들을 통해 인성교육에 힘써 왔다. 그런가 하면 〈심청전〉을 통해 효를 강조하고, 〈흥부전〉을 통해 형제 사이의 우애를 강조한 것처럼 소설과 민담 속의 도덕적인 내용을 통해서도 인성교육을 해왔다. 서양에서도 일찍이 성경 속의 이야기나 이솝우화, 민담, 소설 등을 통해 인성교육을 실시하여 왔다. 이것은 학교에서 도덕 과목이 생겨서 인성교육을 체계적으로 하기 전부터 이루어져 온 것들이다. "이야기를 말하는 것은 덕의 교육에 핵심적 부분을 이룬다"(매킨타이어 1997: 319).

어느 윤리교육학자의 말에 따르면 "내러티브는 인간의 심성에 가장 근접할 수 있는 언어 양식이다. 그렇기 때문에 도덕과는 다른 어느 교과보다도 내러티브를 통한 심성함양, 달리 말하여 내러티브를 통한 심성의 내면화의 문제를 직접적인 탐구대상으로 하는 교과로 인식되어야 한다"(이재호 2013: 361).

"우리가 우리의 삶 속에서 이야기들을 살아내고 또 우리의 삶을 우리가 살아내는 이야기들을 토대로 이해하기 때문에"(매킨타이어 1997: 311) 우리의 인성을 가다듬는 데에 이야기가 유용하게 사용될 수 있다. 그래서 폴 리쾨르(Paul Ricoeur)의 주장대로 "이야기는 윤리적으로 올바름을 주장한다는 데서 이미 윤리적인 영역에 속하는 것"(리쾨르 2004: 477)이다.

시와 내러티브가 도덕교육에 효과적일 수 있는 것은 우선 문학적 원리가 우리 마음을 작동하는 기본 원리로 작용하고(이민용 2014) “이야기가 사람의 마음을 변화시키기 때문이다.”(EBS 다큐프라임 ‘이야기의 힘’ 제작팀 2011: 36). 『문학적 마음 The Literary Mind』을 쓴 인지과학자 마크 터너에 따르면(Turner 1996: V) “스토리는 마음의 기본 원리이다 Story is a basic principle of mind.” 또한 비유(parable)는 알고 생각하고 표현하는 것과 같은 인간 마음의 근본이어서, 우리의 경험이나 지식, 그리고 사고가 대부분 스토리로서 조직되어 있다(organized as stories). 또한 인지서사학자 데이비드 허먼에 따르면(Herman 2003: 163) “스토리는 생각의 도구”이고, “내러티브는 다양한 맥락에서의 문제해결 전략”이며, “내러티브에 의해 문제해결 능력이 지원된다.”이런 점에서 내러티브와 문학은 마음의 문제, 삶의 문제를 치료할 수도 있는 문학치료로 나아갈 수 있다.

본 연구에서는 이렇게 인성교육에 유용한 시와 내러티브 등의 문학적 힘을 활용하는 구체적인 방법으로 문학의 치유적 힘을 체계적으로 이용하는 문학치료 방법을 이용할 계획이다. 일반적으로 의학에도 질병을 치료하는 것뿐만 아니라, 병에 걸리지 않도록 면역력을 키워주고 건강을 유지시키는 데에 초점을 둔 예방의학이 있어서 중요하듯이, 문학치료에도 삶의 무기력증이나 강박증 등과 같은 마음의 문제를 해결하는 문학치료 방향이 있다면, 다른 한편으로 발달적 · 예방적 문학치료 방향도 있다. 문학을 통한 인성교육이 예방적 · 발달적 문학치료 방법으로 가능할 수 있는 점에서 본 연구는 발달적 문학치료의 관점에서 인성교육에 접근하기로 한다. 본 연구에서 주로 사용하는 것처럼, 문학텍스트는 오래 전부터 인성교육의 주요한 방안으로 활용되어 왔다. 학생들이 글을 읽고 등장인물을 이해하고 공감하는 과정에서 자신을 성찰하기도 하고, 내재된 갈등과 직면하고 해소하는 과정에서 카타르시스를 느끼기도 함으로써, 숨겨두었던 감정들을 글쓰기 과정 등에서 개인적으로 표현하고 치유를 위한 심리공간을 경험할 수 있기 때문이다.

한편 청소년 시기는 2차 성징의 출현과 함께 가치관의 혼란, 성적, 진로결정, 또래관계 등 갈등이 심화되는 시기이다. 최근 청소년을 중심으로 한 학교폭력, 성관련 사건, 가출, 비행 등의 문제가 급증하면서, 창의 · 인성교육에 대한 기본방안(2009. 12)을 확립하고, 발달단계에 있는 청소년에게 자신에 대한 이해 및 타인에 대한 관심을 촉진하고 배려와 공감 능력을 기르도록 하는 교육내용이 강화되고 있다.

개정 교육과정에서 다루는 인성교육에서는 자신과 타인에 대한 이해와 배려를 강조하고, 공동체 발전을 위해 노력하기 위해 청소년들이 갖추어야 하는 사고방식이나 태도, 자세를 중시한다(최숙기 2013). 이러한 교육목표에 부응하고 청소년들에게 적합한 프로그램에 대한 요구가 커지고 있다. 이러한 요구에 따라 미술, 체육, 원예, 음악 등을 활용한 인성프로그램들도 시행되고 있다. 하지만 대부분은 이런 프로그램들이 방과 후나 특별활동 시간에 한시적으로 시행되어 왔을 뿐, 정규수업으로 편성되지는 않았다. 그런데 본 연구진은 ○○○도교육청 시범사업인 '청소년 인성 역량 강화'를 위한 프로그램의 일환으로 청소년 인성교육에 중점을 둔 문학치료 프로그램을 정규수업 시간에 실시하였다. 본 연구의 목적은 교육청 지정 인성 중점학교 중학생을 대상으로 실시한 문학치료 프로그램의 효과를 검증하는 데에 있다. 그래서 청소년 자신에 대한 긍정적 인식과 공감 능력 증진, 원만한 대인관계에 의한 학교 적응력 향상을 청소년 인성교육의 핵심 요소로 설정하고, 공감력 증진과 학교적응의 효과를 중심으로 검증하고자 한다.

〈인성교육진흥법〉(제2조)에서는 '인성교육'의 목적과 핵심가치 및 핵심역량을 다음과 같이 규정하고 있다.

1. "인성교육"이란 자신의 내면을 바르고 건전하게 가꾸고 타인 · 공동체 · 자연과 더불어 살아가는 데 필요한 인간다운 성품과 역량을 기르는 것을 목적으로 하는 교육을 말한다.
2. "학교"란 [...]
3. "핵심 가치 · 덕목"이란 인성교육의 목표가 되는 것으로 예(禮), 효(孝), 정직, 책임, 존중, 배려, 소통, 협동 등의 마음가짐이나 사람됨과 관련되는 핵심적인 가치 또는 덕목을 말한다.
4. "핵심 역량"이란 핵심 가치 · 덕목을 적극적이고 능동적으로 실천 또는 실행하는 데 필요한 지식과 공감 · 소통하는 의사소통능력이나 갈등해결능력 등이 통합된 능력을 말한다.

이 글의 인성교육 문학치료 프로그램에서 핵심적으로 다루려고 하는 '자신에 대한 긍정적 인식과 공감 능력 증진, 원만한 대인관계에 의한 학교 적응력 향상'은 위의 인성교육의 목적을 달성하기 위한 '인성교육 핵심 가치 · 덕목' 중의 "책임, 존중, 배려, 소통" 등의 가치 · 덕목과, "적극적이고 능동적으로 실천 또는 실행하는 데 필요한 지식과 공감 · 소통하는 의사소통능력" 등의 핵심 역량에 해당되는 것이라고 할 수 있다.

2. 연구방법

2.1 연구 대상

본 연구 대상은 도교육청 지정, 인성교육 시범학교인 ○○○도 S郡 농촌지역에 소재한 실험집단 A중학교 1학년생 20명이었다. 본 연구는 2014년 9월부터 12월까지 매주 1회씩, 15회기 동안 실시된 문학치료 프로그램 활동에 대한 보완 작업을 2015년 3월까지 계속하고 그 성과에 대한 분석 연구 작업을 지금까지 계속해왔다. 한편 실험집단과 함께 통제집단도 설정되었다. 본 프로그램이 정규시간에 실시되기 때문에 학교의 특성상 실험집단과 대기집단(통제집단)으로 나누었으며, 두 집단의 사전 동질성 검사결과 차이가 있었으며 동질적이지 않은 상태로 프로그램을 시작하였다. 통제집단(20명)은 ○○○도 소재 S郡 인근에 위치한 일반중학교 학생들이며, 실험집단의 프로그램이 종료되면 이어서 진행하기로 한 집단으로서 이들에게는 그동안 대상학교 정규교사에 의해 일반 정규수업이 실시되었다.

실험집단은 농촌지역에 위치한 A중학교 일반 학생들로 성별은 남학생이 여학생보다 많았고(남학생 79%, 여학생 21%), 실험집단과 통제집단 대상에는 기초생활수급자 및 차상위 계층 가정의 청소년이 20% 정도 포함되어 있었다.

2.2 측정 도구 및 통계 분석 방법

본 연구진은 프로그램의 효과를 검증하기 위해 다음과 같은 측정도구와 통계분석 방법을 활용하였다.

2.2.1 한국어판 공감지수 (Korean Empathy Quotient: K-EQ) 척도

본 연구에서는 공감을 측정하기 위하여 Baron-Cohen과 Wheelwright(2003: 361-374)가 개발하고 Lawrence등이 신뢰도와 타당도를 검증한 공감지수(Empathy Quotient(EQ) 척도를 허재홍 · 이찬종(2010)이 번안한 K-EQ를 사용하였다. 이 척도는 총 17개 문항이며, 4점 리커트 척도로 되어 있으며, 각 검사에서 개인의 점수가 높으면 높을수록 공감정도가 높은 것을 의미하며, 하위척도는 인지공감 10문항, 정서공감은 3문항, 사회기술은 4문항, 신뢰도 계수(Cronbach's α)는 .83이었다.

2.2.2 학교적응척도

학교적응을 측정하기 위하여 사용된 학교적응척도는 총 41개 문항이며 5단계 평정척도로 구성되어 있는 김용래(2000)의 학교적응척도를 사용하였다. 5개의 하위요인은 학교환경적응 9문항, 학교교사적응 9문항, 학교수업적응 8문항, 학교친구적응 8문항, 학교생활적응 7문항으로 신뢰도 계수(Cronbach's α)는 .95로 나타났다.

2.2.3 통계 방법

통계 방법으로는 사전검사 결과 실험집단과 통제집단 간의 동질성이 확보되지 않은 것으로 나타나 프로그램실시 전-후의 효과 검증을 위해 T검정(Paired t-test)을 실시하였다.

2.3. 프로그램 구성 및 운영 방법

2.3.1 프로그램 구성

본 프로그램은 청소년 자신에 대한 긍정적 인식과 공감, 원만한 대인관계를 인성교육 프로그램의 핵심요소로 설정하고, 김춘경의(2004) 선행연구를 참조하였다. 전체 프로그램은 주 1회, 총 15회기로 실시되었으며 매회기 소요시간은 50분으로 구성하였다. 청소년의 공감 및 학교적응에 미치는 효과에 대해서 문학치료 프로그램 실시 전후에 사전-사후검사를 실시하였다. 프로그램은 ○○○도 S郡 중학교에 재학 중인 1학년 전체 20명(실험집단)을 대상으로, 정규수업시간에 교실에서 진행되었다.

청소년의 공감 및 학교적응에 미치는 효과를 위한 문학치료 프로그램에 사용할 작품은 본 연구팀에서 청소년의 인성함양에 적합한 문학작품, 영화 목록 등을 조사하여 선정하였고, 내용의 적합성을 위해서 아동상담 정교수 1인, 석 · 박사과정에 있는 대학원생 등 7인과 함께 토론하고 논의하였다. 그 결과, 인성관련 작품 목록 중에서 본 프로그램 목적에 적합하고 인성핵심역량 강화를 위해 중요한 것들을 대상으로 개인적 · 대인관계적 차원, 공동체 · 사회생활 차원을(양정실 2012: 25) 참조하여 동화, 시, 영화 등을 선정하여 통합적인 문학치료를 실시하였다.

선정된 시는 〈흔들리며 피는 꽃〉(도종환 시인), 〈징기스칸 시〉(징기스칸), 그림책 『두고보자 커다란 나무』(시공사), 소설 『운수 좋은 날』(현진건), 『샬롯의 거미줄』(E. B. 화이트, 시공주니어) 등을 선정하였고, 공감향상을 위해 가족애를 그린 영화 등도 함께 구성하였다.

프로그램 구성을 위해서 치료사가 치료적 목적에 맞게 선정한 책들 중에서 내담자가 직접 고르게 하였는데, 이것은 참여자는 텍스트 속에 암시되어 있는 부분을 자신의 상상력을 통해 채우고 창조해 나가는 공동저자(co-creater)이기에 작품에 대한 해석이 치료자에 의해 한정되는 것이 아니라 참여자에게 무한한 해석의 가능성을 열어주어야 한다는 이론을(김춘경 2004: 17) 고려한 것이다.

본 프로그램은 회기별 활동 내용에 따라 소집단과 대집단 활동이 가능하게 하였고 진행 과정은 크게 5단계, 즉 도입단계, 자기인식단계, 타인인식단계, 공감단계, 마무리단계로 구성하였다.

2.3.2 프로그램 운영

인성교육을 위해 구성된 본 프로그램은 구체적으로 다음과 같다. 실제 프로그램 활동은 이 프로그램 계획서에 근거하여 현장 상황에 맞게 탄력적으로 운영되었다. 이에 관한 프로그램 계획표를 제시하면 다음과 같다.

〈표 1〉 문학치료 프로그램

회기	목표	내용	기대효과
1- 2 회기: 신뢰 형성	• 오리엔테이션 • 별칭 짓기 • 서약서 쓰기 • 체크리스트	• 집단규칙, 보상시스템 알기 • "인성이란?", 프로그램 이해 • 체크리스트 작성 • **오리엔테이션**	• 프로그램 이해 • 체크리스트 작성 • 오리엔테이션
22- 5 회기: 자기 인식 단계	• 이야기 꾸미기 • 내 속의 블랙박스 '아픔상자'	• **이야기 연상기법** (시작·중간·끝이 있는 이야기) • 텍스트의 일정부분 읽기 활동 • 아픈 기억 떠올리고, 내 속의 블랙박스 '아픔상자' 만들기 • **'아픔상자' 만들기** • 관계 속의 나, 역할 속의 나 • **'내 삶의 파노라마' 그리기, 기억상자'**	• 감정인식 • 자신의 감정과 욕구 탐색 • 사적 자기인식 • 사회적 불안 다루기 • 관계정서탐색

회기	목표	내용	기대효과
6-9 회기: 타인 인식 단계	• 가족관계 영화 • 텍스트를 통한 관계 조망	• '내 삶의 동반자' 세우기 (점토 작업) • 〈징기스칸 시〉를 통한 양육환경 조망 • 〈샬롯의 거미줄〉의 영화·텍스트 부분 보기 • 역할 속의 나, 드라마기법으로 연출하기, 사이코드라마	• 관계 속의 나 • 드라마 과정을 통한 정서탐색 및 자기조망 • 관계 조망
10-13 회기: 공감 단계	• 문제해결 패턴 보기 • 텍스트를 통한 공감형성 • 프로그램 회고	• 도종환의 시 〈흔들리며 피는 꽃〉 • 성장갈등과 현실의 어려움, 조망하기 • 시 읽기활동, 자기탐색 • 도종환의 시 〈흔들리며 피는 꽃〉 • 자연초 염색하기 • 염색 천에 '하이쿠' 내면화 시 쓰기, 하이쿠 빨랫줄 • 주변에 나무와 같은 존재 찾아 보기, 영향을 주는 존재 탐색 • 첫 회기와 지금의 감정변화 탐색, 긍정적인 감정 닻내리기 • 기억상자 만들기, 프로그램 회고	• 긍정적인 상호작용 개입전략 • 프로그램 회고 • 긍정적인 기억을 통한 자존감 향상, 유대감 증진 • 정체성 회복
14-15 회기: 마무리	• 프로그램 평가 • 사후체크리스트 • 자기강화를 위한 "상장 만들기"	• 프로그램 평가, 사후 체크리스트 • Self-Rolling Paper를 통한 자기강화 • 감사의 화수분 나누기 • 프로그램 참여 강화 '상장 만들기'	• 프로그램 평가 • 사후 체크리스트

이에 관한 자세한 설명과 연구는 다음 장에서 하겠다.

3. 인성교육을 위한 문학치료 프로그램 운영 내용

참여 학생들의 문학치료 경험 과정을 분석한 결과 인성함양을 위한 문학치료 프로그램은 독서치료의 3가지 원리 즉, 동일시, 카타르시스, 통찰을(이영식 2006: 19) 통해 효과적으로 이루어진 것으로 나타났다. 이를 구체화하기 위해 회기별 참여자들의 활동 내용을 토대로 제시해 보고자 한다.

3.1 초기단계: 1-2회기

본 활동의 초기단계는 진행자와 참여자, 참여자와 참여자 간의 신뢰감 형성 회기이다. 본 회기는 목표달성을 위해 자기소개와 바람(희망사항, 소망), 별칭 짓기, 명상CD를 들으며 감정단어를 통해 자신의 기분을 자각하고 현재의 느낌 나누기 활동으로 구조화하고, 친밀감을 느낄 수 있는 활동들로 이루어졌다. 초기 단계에서 의미 있었던 회기는 닉네임 짓기이다. 별칭 짓기는 자신의 특징, 혹은 정체성을 가장 잘 나타낼 수 있는 상징이기 때문이다.

(1) 신뢰형성단계 행동변화 - 닉네임을 통한 참여자의 반응분석

초기단계인 1-2회기는 별칭짓기를 통해 중학생들의 환경의 영향과 심리적인 변화를 볼 수 있었으며 농촌지역의 특성, 성장

욕구와 자유를 원하는 내적인 바람들을 살펴볼 수 있었다. 닉네임을 통해 참여자들이 상호 반응하는 가운데 스스로의 속마음이나 소망 등을 피력함으로써 교육에 필요한 신뢰감을 쌓고 관련 분위기를 조성할 수 있었다. 이러한 닉네임 짓기의 양태를 분석하면 다음과 같다.

첫째, 농촌지역의 특성을 알 수 있는 별칭으로, 참여자들은 초기단계이지만 자신의 현재 상황을 무의식적으로 투사하며 활동에 참여했으며, 출석을 부를 때 자신의 이름대신 부르기로 하자는 진행자의 제안에 적극 동의를 하였다. 참여자들의 별칭을 보면 다음과 같다.

〈농기구를 운전하고 고치는 기술자〉 (중1, 남)

"큰 아버지를 돕다가 경운기가 망가졌는데 읍내까지 가기는 멀고 힘들어서 곤란했던 적이 있었어요. 농기구를 잘 고치는 사람이 되어 자신을 돌봐주시는 큰아버지와 이웃 사람들을 도와주고 싶은 마음이 드러난 것 같아서 마음에 들어요."

〈땅 부자(부동산 투기)〉 (중1, 남)

"자신의 집은 땅이 없어서 아버지가 남의 땅에 농사짓고, 평소에 땅을 가지고 싶어 하시는 얘기를 많이 들어서... 음."

〈최고의 공구〉 (중1, 남)

"공구들을 만들거나 고칠 때는 집중력이 좋고 시간가는 줄 모름. 학교 옆에 있는 공구상을 지나갈 때마다, 공구상 주인아저씨가 기계를 고치는 것을 한참 바라보다 가요. 그 외에는 X팔리지만 집중력이 떨어지고 덜렁거려요"

둘째, 자유를 추구하는 특성이 드러나는 별칭으로 현실에서 벗어나고 싶은 욕구가 반영이 된 듯하며 별칭 활동을 통해 '이상하게 시원함을 느낀다'라고 표현했다.

〈자유로운 수증기〉

"수증기는 높이서도 볼 수 있고, 바람따라 자유롭게 움직이니까"

〈하늘을 나는 새〉 (중1, 여)

"새는 갇혀있지 않고 멀리까지 갈 수 있으니까"

〈잘 놀러 다니는 홍길동〉 (중1, 여)

"저는 언니도 없고 동생도 없어서 언제나 외롭거든요"

셋째, 성취욕구를 드러나는 별칭, '굳세어라 금순아'와 같이 지역적인 물리적 공간에서 벗어나고 싶은 욕구와 '바오밥 나무' '인내심 쩌는 화산'등은 성장욕구를 반영한 것 같다.

〈굳세어라 금순아〉

"저는 시골에 사는 것 답답해요. 저는 서울로 대학교를 갈거에요. 그러려면 공부를 해야 되고 참아야 되니까요."

〈인내심 쪄는 화산〉

"인내심을 가지고 싶어서, 성질이 급해서 폭발을 잘함. 선생님들이 말을 조금만 버벅거려도 화가 나고, 혹시 실력이 없는 거 아닌지 화가 날 때가 많아요. 인내심을 키워서 좋은 교수가 될 거에요."

〈바오밥나무〉 (제2회기 중에서 2014. 9. 중1, 남)

'(바오밥 나무를 크게 그리면서) 바오밥나무는 주변에 있는 식물이 못 자라게 영역을 크게 하고, 처음에는 작지만 주변을 접수해 버리니까요. 우리엄마는 공부해서 나보고 애들을 다 접수하래요."

3.2 중기단계 (제 3-13 회기)

중기단계는 중기 1단계(자기인식, 3-6회기), 중기 2단계(타인인식, 7-9회기), 중기 3단계(공감, 10-13회기)로 구별되어 진행되었다.

중기단계는 참여자의 감정표출을 돕는 시, 동화, 소설 등의 다양한 문학적 텍스트를 매체로 내면을 탐색하는 과정으로서, 자신을 인식하고 현실수용 및 긍정적 사고를 확장하여, 목표설정과 자신의 욕구를 탐색하게 하기 위한 프로그램으로 진행하였다.

중기단계는 참여자들의 발달단계를 반영하여 구조화한 과정이다. 참여자들이 대체로 자신의 욕구와 탐색을 어려워하므로, 상담자와 참여자 간의 신뢰가 형성된 이 시점부터 참여자들이 문학작품의 동일시를 통해 안전하게 자신의 욕구를 탐색하고, 자신을 둘러싼 환경을 문학텍스트의 안전한 공간 속에서 다뤄볼 수 있도록 했다.

이 단계에서는 이야기(narrative) 만드는 과정을 통해 참여자들이 현실의 바람과 욕구를 탐색할 수 있도록 했다. 현진건의 「운수좋은 날」 작품은 삶 속의 비극적인 날을 반어적으로 표현한 작품으로 주인공의 심리를 구체적이고 현실감 있게 제시하는 과정을 묘사하고 있다. 이 작품을 통해 참여자들이 주인공의 삶에서 자신의 아픔을 다루고, 내 삶의 블랙박스라는 '아픔상자'를 만들도록 구성하였다. 그래서 자기인식을 잘하고 내적 감정을 잘 표출하고 투사할 수 있도록 돕고, 자신의 정서를 돌아볼 수 있도록 했다.

이 단계에서 사용된 문학메타포와 그것의 사용의도를 살펴보면 다음과 같다. '이야기 만들기 과정'은 참여자의 현실의 바람과 욕구를 탐색하려는 것이었고, 현진건의 「운수좋은 날」은 주인공의 삶을 통해 자신의 아픔을 돌아보고, 현실의 갈등을 인내하는 간접경험을 도울 수 있었다. 도종환의 시 〈흔들리며 피는 꽃〉 작품은 삶의 희로애락을 다루기 위해서 활용되었고 그림책 『두고보자 커다란 나무』는 양육환경(부모, 이웃, 스승 등)의 긍정적인 수용을 돕는 과정에서 활용되었다.

(1) 중기 1단계: 자기인식(3-5회기)

본 회기는 자기인식 단계로서 자신의 감정과 욕구를 탐색하고 자기인식을 잘 할 수 있도록 돕는 단계이다. 본 회기에서는 '이야기 쓰기'와 '내 삶의 파노라마' 그리기를 진행했다. 이야기를 쓰는 과정에서는 가장 단순하고 극적인 형태로 인간의 삶에 대한 통찰력을 담아낸 이야기로써 자신이 알고 있거나, 자기에게 숨겨져 있는 감정들을 다양하고 적절하게 표출해낼 수 있도록 안내를 해준다.

이야기 공간은 순탄하고 문제없는 삶뿐만 아니라, 삶 속에서 닥칠 수 있는 예기치 못한 상황을 제시하기도 한다. 이러한 과정을 통해 참여자는 삶의 의미를 찾고, 변형된 도발적인 자기 이야기를 실험해 보기도 하며,(고미영 2004: 23) 작중 인물의 정체성에 상상력을 동원해 그 이야기를 흥미롭게 빠져들 수 있게 된다. 문학치료에서 텍스트가 갖는 중요한 의미는 참여자가 은유와 상징적 이야기(narrative) 속의 안전한 공간에서 과거 삶의 의미를 돌아보고, 미래의 가능성을 다루는 데에도 있다. 이런 점에서 참여자들의 텍스트를 살펴보면 다음과 같다.

"시골 공부벌레의 사랑"(중1, 여)은 청소년기의 이성에 대한 동경과 숨겨진 욕구를, "소심한 거북이"(중1, 여)는 작품 속의 주인공에게 자신의 성격을 투사하고 이야기 속에서 승리를 하도록 이야기를 써나감으로써 성장욕구와 문제해결력을 다루고, "도토리나무 집"(중1, 남)은 유년기 성장과정에서 겪었던 가족의 아픔을 이야기 속에서 다루고 있다.

첫 번째 참여자의 글은 제목이 "시골 공부벌레의 사랑"(중1, 여)인데, 다음 이야기를 다른 친구들이 읽는다면 자기의 마음이 들킬까봐 염려된다고 했지만 참여자의 동의를 얻어 수록하였다.

> 옛날 옛날 먼 옛날 소녀와 소년이 살고 있었습니다. 소녀는 도시에서 살아서 멋내기를 좋아하고, 소년은 시골이라, 시골을 벗어나기 위해서 열심히 공부만 하는 공부벌레였다. 그 소녀와 그 소년은 한 학교에서 만났다. 소녀는 인기도 많고 예뻐서 빨리 친구를 사귀었지만 그 반대인 소년은 그냥 계속 공부를 하고 있었다. 하지만 이 두 사람은 서로 사랑에 빠졌다. 그래서 학교가 끝나고 애들 몰래 데이트를 하곤 그랬다. 하지만 이 두 사람을 갈라놓게 만든 어떤 한 소년이 있었다. 그 소년은 소녀를 좋아해서 소녀와 사귀고 있는 소년을 함정에 빠뜨렸다. 그 함정은 어떤 여자 아이와 함께 있는 사진을 소녀에게 주었기 때문이다. 그걸 보여주자 소녀는 소년에게 헤어지자고 했다. 그 소년은 아무것도 모른 채 헤어지고 말았다. 그 일이 있고 나서는 그 소녀는 친구들과 같이 있을 때가 많아지고 소년은 매일 공부를 하기 시작했다. 하지만 이 두 명은 서로 잊지 못했다. 그래서 서로 사랑하는 걸 알아채고는 다시 고백해서 다시 사귀게 되었고 방해물이었던 소년은 소녀에게 뭐라고 듣고 나서부터는 조용히 살게 되었다. 공부벌레였던 소년은 서울로 학교를 가게 되었고 서로 소녀를 사랑했던 소년은 당당하게 소녀와 사귀게 되었다.

두 번째 참여자의 글의 제목은 "소심한 거북이"(중1, 여)로 이야기를 쓰고 보니 부끄럼이 많고 소심한 자신의 이야기를 쓴 것 같고, 창피하지만 이야기를 쓰고 나니 왠지 속이 시원하고 뚫린 것 같다고 표현했다.

> 옛날 푸른 들판 위에 아주 소심하고 친구가 없는 거북이가 살고 있었어요. 이 거북이는 마음씨가 따뜻하지만 자신감이 없어 늘 어깨가 축 쳐져 있었어요. 이 거북이는 매일매일 친구들이 놀고 있는 모습을 조용히 몰래 지켜보기만 했어요. 어느 날 거북이는 자신의 유일한 친구인 소나무 아저씨에게 가서 고민 상담을 했어요. 거북이는 친구를 사귀고 싶으면 어떻게 하면 좋은지 물어보았어요. 소나무 아저씨는 친구들에게 먼저 말을 걸면서 다가가라고 하셨어요. 이 말을 들은 거북이는 친구들에게 다가가 '나랑 친구할래?' 하지만 그 말은 속으로만 말하고 돌아섰어요. 이런 모습을 보일 때마다 친구들은 거북이를 무시한 채 사라졌어요. 슬픔에 빠진 거북이는 다시 소나무 아저씨에게 갔어요. 거북이의 이야기를 들어본 아저씨는 "친구에게 자신 있게 큰 소리로 말해보렴. 어쩌면 친구들이 네가 다가가기를 기다릴지도 모른단다" 하고 말하셨어요. 다음 날 거북이는 다시 친구들에게 가서 용기를 내어 말을 했어요. "나는 너희랑 친구가 되고 싶어. 우리 같이 놀자" 그 후 친구들은 거북이의 친구가 되어주었고, 그 후로 소심한 거북이는 그들과 행복하게 살았답니다.

세 번째 참여자의 글은 제목이 "도토리나무 집"(중1, 남)이다. 그는 자신이 쓴 이야기를 다시 읽어보고 깜짝 놀랐다고 한다. 초등학교 3학년 때 장마로 집이 무너져서 집을 잃었던 아픔이 있었지만, 평소에는 생각도 안했는데 바로 그 옛날 집 이야기를 쓸 줄은 몰랐다고 했다.

> 옛날 옛날에 아슬아슬한 집 뒤에 도토리나무가 살고 있었다. 집은 뒤로 무너질 것 같았고 도토리나무는 그 집 뒤에서 아슬아슬하게 살고 있었다. 도토리의 성격은 겁이 많았다. 도토리가 하고 싶은 일은 맛있게 익어서 사람들에게 행복하게 해주는 것이었다. 그리고 일주일에 서너번 코끼리가 물을 가져다주었다. 또 어느 날은 강아지가 와서 지키곤 했다. 어느 날 태풍이 불어서 집이 무너지려고 했다. 도토리는 조마조마했다. 쓰러지면 안 된다고 빌었으나 집이 쓰러지고 말았다. 태풍이 그치고 사람들이 달려왔다. 집이 쓰러진 걸 본 사람들은 집을 치우고 나무 앞에 울타리를 설치했다. 도토리는 사람들에게 고맙게 생각하고 행복하게 살았다.

(2) 중기 단계 2 : 타인인식 단계 7-9 회기

중기단계에서는 타인인식단계로서 관계 속의 나, 드라마 과정을 통한 정서탐색 및 관계조망을 돕는 회기이다. 여기서는 '징기스칸 시' 등을 통해 양육환경과 성장과정을 조망하도록 하였다. 예컨대 참여자(중1, 남)의 글 "나의 아픈 기억"을 보면 다음과 같다.

초등학교 6학년 때, 담임선생님한테 멱살 잡힌 기억이 난다. 이유는 창문을 깨서 담임선생님께 혼이 났다. 그리고 손바닥 10대를 맞다가 단소 2개와 잣대 1개가 부러진 기억이 있다. 이유는 숙제를 안 하고 준비물을 안 해 와서 맞았다. 하지만 나는 울지 않았다. 친구들이 보고 있었기 때문이다.

초등학교 때 가난하다고 놀렸던 친구들이...... 그리고 정말 숨기고 싶은 기억인데, 집에서 농약 먹고 자살시도 하려고 했었다. 형이 볶음밥을 해오라고 했는데 나는 거절을 했다. 형이 나무 막대기로 왜 자기 말을 씹냐며 폭력을 써서 너무 억울했다. 볶음밥 때문에 싸웠지만 우리는 아버지 술버릇 때문에 악마가 되어 있었는지 모른다. 새벽에 형이랑 싸우고 112에 신고해서 경찰이 우리 집에 들이닥치고, 그때 형이 경찰들 앞에서 엄마 이야기를 꺼냈다. 정말 형을 죽이고 싶었다. "엄마는 xx~, 나를 언제나 x 팔리게 한다 (참가자 중1, 남)

(3) 중기 3단계 : 공감단계 10-13회기

중기 3 단계에서는 자기인식, 타인인식의 단계를 지나 상호작용을 통한 관계향상 및 '관계 속의 나'를 조망할 수 있도록 인도하였다. 이 단계는 관계 속에서 자신의 역할을 조망하고 자신의 존재에 대한 소중함과 긍정적인 미래설계를 돕고, 자아존중감을 향상시켜 건강한 자아를 돌아보도록 돕는 활동으로 구성하였다. 이 단계에서는 문학작품을 내면화하는 과정에서 다른 참여자와 공유하게 되는데 이에 필요한 피드백과 쉐어링을(변학수 2006: 40f) 통해 참여자는 다른 사람의 텍스트를 조망하는 과정을 거치게 된다. 이 과정은 자신의 감정을 재발견하거나 자신의 텍스트에 대한 타인의 기분과 느낌을 반향하는 과정으로, 심미적 거리감을 두고 자신의 문제를 객관화시킬 수 있도록 촉진하는 과정이다. 참여자들은 마치 ~인 것처럼(as if)을 전제로 하는 피드백과 쉐어링 과정을 통해 소외감을 해소하고, 자신을 있는 그대로 존중받음으로써 자기수용의 가능성이 점차 증진하게 된다(윤은정 2007: 21).

이 단계에서는 공감을 높이기 위한 활동으로 시를 패러디하거나 5행-7행-5행으로 연결되는 짧은 시 쓰기 방법으로 하이쿠 시 쓰기 방법으로 접근을 하였다. 하이쿠 시 쓰기는 생략과 절제가 요구되는 시 쓰기로서 참여자에게 자신의 생각을 재인식하고 감정을 자발적으로 표현하는 훈련을 하게 함으로써 자신과의 상호작용, 타인과의 소통, 공감력을 높이는 데 효과적이다. 도종환 시 〈흔들리며 피는 꽃〉을 패러디하거나 하이쿠 시를 쓰는 과정은 참여자들의 글쓰기에 대한 거부와 부담감을 줄여줌으로써 참여 동기와 작품의 완성도를 높이고, 성취의 기쁨을 경험하기 위해 사용된 메타포이다. 그림책 『두고 보자 커다란 나무』 텍스트를 통해서는 주변에 나무와 같은 존재가 있는지 찾아보도록 함으로써 발달과정에서 부모, 스승, 주변의 인물들을 돌아보는 계기를 제공하고, 과거의 기억을 불러와 화해와 용서의 과정을 통해 타협하는 과정을 거치도록 했다. 여기서는 첫 회기와 비교하여 지금의 감정변화와 소중한 경험을 찾고 긍정적인 감정을 자신 속에 닻 내리기 하도록 하였다. 아울러 이때까지의 프로그램 과정을 정리하게 하고, 참여자 간에 피드백과 쉐어링을 주고받음으로써 위로와 칭찬 등을 통해 유대감 향상을 촉진하도록 하였다. 그래서 이 과정을 통해 심리적 안정감과 또래로부터 서로 인정을 받도록 함으로써 친화력을 돕고, 공감을 높이기 위한 활동이 되도록 하였다.

〈흔들리며 피는 꽃〉을 활용하여 이러한 과정에서 생산된 참여자의 개작 시(詩) 글을 전문(全文) 그대로 소개하면 다음과 같다.

① 참여자 1 : 사물에 비유한 개작 시

채이지 않고 구르는 공이 어디 있으랴
이 세상 그 어떤 공들도
다 발에 채이고 채이면서 공은 굴렀나니
채이지 않고 구르는 공 어디 있으랴

바닥을 구르지 않는 공이 어디 있으랴
이 세상 그 어떤 공들도
다 구르면서 날아갔으니
구르면서 하늘을 곧게 날았나니
구르지 않고 가는 삶이 어디 있으랴. (중1, 남)

② 참여자 2 : 상처와 고난에 비유한 참여자의 개작 시

고난을 겪지 않고 자라나는 벼가 어디 있으랴
이 세상에 그 어떤 벼들도
다 고난을 겪어 피었나니
자라나면서 머리를 숙였나니
고난을 겪지 않고 수확하는 벼가 어디 있으랴.
쓰러지지 않고 자라는 벼가 어디 있으랴
이 세상 그 어떤 벼들도
뜨거운 태양에 맞서고
모진 태풍에 쓰러지면서 자랐나니
서로 부딪치며 우정을 키웠나니
눈물 섞이지 않은 친구가 어디 있으랴 (중1, 남)

3.3 종결단계: 마무리 14-15 회기

프로그램 종결단계는 프로그램에 참여한 소감 나누기 및 현실 수용, 그리고 실천의지를 다지는 시간이었다. 그래서 프로그램의 평가, 사후 체크리스트 작성하기, 셀프 롤링(Self-Rolling) 페이퍼를 통한 자기강화 등으로 프로그램 활동을 구성하였다. 프로그램에 참여한 참여자가 활동 결과로 산출한 글을 살펴보면 다음과 같다.

나 ○○○은 지금 성격이 비록 나쁘지만 앞으로 착하게 변하고 싶다. 내가 문학치료를 하면서 변화된 점은 내가 처음으로 문학치료를 했을 때는 재미도 없고, 시험도 안 보는데 내가 왜 이걸 하는지 생각을 했다. 하지만 나는 문학치료를 계속하고 이런 걸 느꼈다. 치료를 하면서 집중이 잘되고 재미있기도 하고 내 마음에 있는 걸 스스로 쓰니까 기분이 좋다. 문학치료를 하면서 재미있는 활동은 시를 직접 모방해서 쓰는 게 재미있었다. 나는 친구들과 후배들에게 나쁘게 행동한다. 그래서 나쁜 행동을 고칠 것이다.(중1, 여)

나 ○○○은 지금 성격이 고운 말을 못하는 성격이지만 앞으로 나는 더욱더 친구를 소중히 대할 것이다. 인상 깊었던 수업시간을 돌아보면 '아픔 상자'에서 나를 다시 한 번 회상해 볼 수 있어서 좋았고 나의 잊어버릴 뻔했던 추억을 다시 떠올리게 해줘서 좋았다. 나무를 찢어서 붙일 때도 즐거웠고 아무 잡생각 없이 어떻게 하면 나무가 멋질까 하는 생각에 편하게 즐길 수 있었다. 문학치료 인성교육을 하면서 나의 내면을 솔직하게 들여다 볼 수 있었고 감정이 조금 더 풍부해진 것 같았다. 이 프로그램을 하면서 친구들에 대해서 한층 더 많이 알게 되고 진실한 마음을 알게 된 것 같다. 이 시간은 나에게 의무적으로 해야했던 활동이 아니라 하나의 놀이처럼 즐거웠고 편안했고 재미있었다.(중1, 남)

위의 "문학치료 인성교육을 하면서 나의 내면을 솔직하게 들여다 볼 수 있었고 감정이 조금 더 풍부해진 것 같았다."는 말에서 본 프로그램의 인성교육적 효과가 자신에 대한 성찰과 공감력 증진을 통해 이루어진 것을 알 수 있다. 그리고 "이 프로그램을 하면서 친구들에 대해서 한층 더 많이 알게 되고 진실한 마음을 알게 된 것 같다."는 말에서는 타인과의 관계에서 성숙해지는 인성을 확인할 수 있다.

4. 연구 결과

본 연구는 ○○○도교육청 지정, 인성교육 시범학교인 ○○○도 S郡 농촌지역에 소재한 실험집단 A중학교 1학년 20명을 대상으로 총 15회기 동안 청소년의 자존감 및 공감, 학교적응에 미치는 효과를 위해 발달적 문학치료의 인성교육 프로그램을 실시하고, 실험집단과 통제집단에 사전 · 사후설계에 의해 그 효과를 검증하고자 하였다. 본 문학치료에 기초한 인성 프로그램의 효과를 검증한 결과, 다음의 표에 제시된 바와 같이 공감과 학교적응에서 프로그램 실시에 따른 유의한 차이가 나타났다.

〈표 1〉 문학치료 프로그램

요인별	집단	N	사전	사후	*paired-t*
			M(SD)	M(SD)	
공감A	실험	20	2.37(3.31)	2.60(.40)	−2.25*
	통제	20	2.69(.29)	2.59(.31)	1.20

요인별	집단	N	사전	사후	paired-t
			M(SD)	M(SD)	
학교적응D	실험	20	2.86(.75)	3.77(.53)	-4.22***
	통제	20	3.52(.53)	3.21(.41)	2.22*

*p〈.05, ***p〈.001

실험집단의 사전-사후점수를 비교한 결과, 공감에서 유의한 차이가 나타나(paired-t=-2.25, p〈.05), 사전점수(M=2.37)에 비해 사후점수(M=2.60)가 유의미하게 증가한 것으로 나타났다. 통제집단의 경우에는 사전점수와 사후점수를 비교한 결과 통계적으로 유의미한 차이가 나타나지 않았다.

학교적응의 경우에서도 실험집단에서 사전-사후점수 간에 통계적으로 유의미한 차이가 나타났다(paired-t=-4.22, p〈.001). 즉 사전점수(M=2.86)에 비해 사후점수(M=3.77)가 유의미하게 증가한 것으로 나타났다. 그러나 통제집단의 경우에는 학교적응 점수가 사전에 비해 사후에 더 점수가 떨어진 것으로 나타났다(paired-t=2.22, p〈.05). 통제집단의 학교적응 점수가 사후에 더 떨어진 것은 학기 중 시험 때문일 수도 있다. 실험집단은 프로그램 시행 후 중간고사나 기말고사를 치루지 않았지만, 통제집단은 정규수업이 이루어진 집단이어서 학사일정에 따른 정규시험을 치렀다. 시험이 통제집단의 학생들에게 스트레스 요인으로 작용하여 학교적응 점수를 떨어뜨린 것으로 판단된다.

이처럼 문학치료프로그램에 참여한 학생들은 공감과 학교적응 점수에서 유의미한 효과가 있는 것으로 나타났다. 독서치료 프로그램이 등장인물과의 동일시, 통찰과정을 통해 타인의 입장을 배려하고 공감능력과 중학생들의 학교적응을 향상시킨 기존의 연구들(김경심 2008)과 동일한 결과를 얻었으며, 공감훈련으로 이타주의를 향상시켰다는 연구(백성희 2000)와도 동일한 결과를 도출하였다. 이러한 결과는 참여도와 인지도를 높이기 위해 일반적인 교재형식을 벗어나, 교재를 학생들이 직접 만들어 꾸밀 수 있도록 유도하고, 교내의 공간을 활용하여 역동적인 상호작용을 유도하고, 창의인성재량 시간을 활용하여 자유스럽게 프로그램이 진행되어 비교적 참여도가 높고, 긍정적인 연구결과를 도출할 수 있었던 것으로 판단된다.

이러한 결과는 전문가인 문학치료사의 적극적인 개입을 통한 효과로 볼수 있다. 구조화된 프로그램과 계획대로 실행된 문학활동을 경험하는 과정에서 참여자들이 해석과 판단을 배제한 피드백과 쉐어링을 하도록 하였다. 그리고 이 과정에서 전문가인 문학치료사의 적절한 개입과 중재가 충분히 이루어진 것이 참여자들의 공감능력 향상과 인성 발달에 영향 미쳤다고 볼 수 있다.

5. 논의 및 결론

본 연구 결과는 발달적 문학치료에 기초한 인성교육 프로그램이 청소년의 공감과 학교적응에 긍정적인 효과를 줄 수 있음을 시사한다. 따라서 문학치료가 청소년의 공감과 학교적응 의지를 고취시키기 위한 방법으로 활용될 수 있을 것으로 사료된다. 본 연구의 결론을 토대로 다음과 같이 제언하고자 한다.

첫째, 본 연구는 중학교 학생들의 정규수업 시간에 진행된 프로그램으로 실험집단의 학교와 비교집단 학교의 수업일정 관계로 실험집단과 통제집단사이에 동질성이 확보되지 않은 상태로 진행된 연구이므로 연구의 결과를 전체 모집단에 일반화하는 데 제한점이 있다.

둘째, 본 연구는 ○○○도에 소재한 농촌지역의 일부 중학생들을 대상으로 프로그램이 진행되었으므로 연구결과를 일반화하기에는 제한점이 있다. 연구대상을 확대하여 도시지역과 농촌지역 중학생의 비교 연구를 통해 청소년들의 발달에 미치는 양육환경과 지역사회 요인 등을 구체화하고, 이를 반영한 후속 연구가 계속된다면 문학치료 프로그램의 효과가 극대화되리라 사료된다.

셋째, 본 연구에서는 학생들에게 지속적인 관심을 유도하기 위해서 일반적인 교재형식을 벗어나, 팝업이나 입체적인 교재를 학생들이 직접 만들어 꾸밀 수 있도록 유도하였다. 그리고 청소년들의 참여도와 흥미를 높이기 위해 교내의 상담공간 등을 활용하여 역할극이나 작중인물 모델링, 드라마 연행하기 등을 통해 상호작용의 기회를 제공하고자 했지만 시간적 · 공간적 제한이 있었다.

추후에는 창의적 재량활동이나 계발활동 시간을 활용하여 집단상담의 형태로 모둠별로 동적인 경험, 즉흥극, 심리극 등으로 창의성과 자발성을 촉진할 수 있도록 유도하면 더욱 좋은 효과가 있을 것이다. 그리고 또래간의 상호작용의 기회를 제공하고 문학작품을 통한 객관적인 삶의 의미체계를 형성하도록 돕는다면, 문학에 대한 관심과 참여도가 지속됨으로써 학교현장에서 인성교육을 위한 집단상담 방법으로 문학치료가 효과적으로 적용될 수 있을 것으로 기대된다. 이상의 결론과 제언을 토대로 교육기관의 실정에 적합하고 교육현장에 적용될 수 있는 역동적인 다양한 문학치료 프로그램이 개발되고 실천되기를 기대한다.

■ 이 글은 『인문과학연구』(2016. 6)에 실린 필자들의 논문 「청소년 인성교육을 위한 문학치료 프로그램의 효과」를 수정한 것이다.

---

1) 한국교육개발원이 2013년 19세~75세 성인 2000명을 대상으로 벌인 〈교육여론조사〉. 중앙일보 2015년 6월 10일자 기사에서 재인용.

2) 티처빌, 전국 유 · 초 · 중 · 고등학교 교사(470명) 대상 2015년 조사(복수응답). 중앙일보 2015년 6월 10일자 기사에서 재인용.

■ 참고문헌 ■

고미영. 2004. 「가족복지 서비스를 위한 새로운 실천 패러다임에 관한 연구」. 『한국 가족치료학회지』.

권민혁 외. 2013. 「청소년의 학교폭력 예방을 위한 방과 후 학교스포츠 프로그램 활성화 정책 방안」. 『한국체육학회지-인문사회과학』(Vol.52 No.5).

김경심. 2008. 「독서치료 프로그램이 중학생의 공감능력 및 이타주의에 미치는 효과」. 『홀리스틱교육연구』(Vol.13 No.3).

김대군. 2008. 8. 「도덕교육에서 내러티브의 가치」. 『윤리교육연구』(제16집).

김미한. 2013. 「마음소련 프로그램이 아동 및 청소년의 공격성 및 자율성에 미치는 효과」. 『정서 · 행동연구』(Vol.29, No.1).

김용래. 2000. 「학교학습동기척도(A)와 학교적응척도(B)의 타당화 및 두 척도 변인간의 관계분석」. 교육연구소.

김춘경. 2004. 「시설아동의 사회적 기술 증진을 위한 집단 놀이치료 프로그램의 개발과 적용」. 『놀이치료연구』.

백성희. 2000. 가족지지 및 인성특성과 청소년의 학교생활 적응간의 관계. 이화여자대학교 교육대학원, 석사학위논문.

변학수. 2006. 『통합적 문학치료』(서울: 학지사).

서은비. 2013. 「손바느질을 활용한 창의 · 인성교육 프로그램 개발 및 효과분석」. 『한국실과학회지』(Vol. 26, No.2).

양정실. 2012. 「문화교육의 뿌리와 줄기 : 우리나라 문학교육 연구에서 독자 반응 이론의 수용 현황과 전망」. 『문학교육학』.

윤은정. 2007. 「재타이완(在臺灣) 중국인 시문학에 나타난 문화적 정체성: 1950-60년대 향수시를 중심으로」. 『세계문학비교연구』.

이민용. 2014. 12. 「내러티브와 서사학, 그리고 인성교육」. 『인문언어』(제16권 3호). pp 59~81.

이영식. 2006. 「독서치료, 어떻게 할 것인가」. 학지사.

이재호. 2013. 12. 「도덕교육에서의 심성과 내러티브」. 『초등도덕교육』(제43집). pp. 345-364.

조준하. 2001. 「한국 청소년의 교육문화와 가치관 교육: 청소년 문화와 인성교육 방법」. 『청소년문화』.

최숙기. 2013. 「인성교육을 위한 독서지도 방안」. 『청람어문교육』 2013. 6. 30.Vol. 47, pp.205-232.

최연우. 2013.「원예치료가 여자 소년원 원생들의 인성발달에 미치는 영향」.『한국인간 · 식물 · 환경학회지』. Vol. 16No.2.

허재홍 · 이찬종. 2010.「공감지수(EQ) 척도의 심리측정 속성」.『인문과학연구』(Vol.24).

EBS 다큐프라임 '이야기의 힘' 제작팀. 2011.『이야기의 힘』. 황금물고기.

Herman, David. 2003. "Stories as a Tool for Thinking." Narrative Theory and the Cognitive Sciences, Ed. David Herman, Leland Stanford Junior University: CSLI Publications, 2003. 163~192.

Lowe, D.F. 2009. Helping children copy through literature. Forum on Public Policy Online, 1, 1-17.

MacIntyre, Alasdair C. 1984. After virtue : a Study in Moral Theory. 2nd ed. Notre Dame. Ind. : University of Notre Dame Press. [『덕의 상실』. 이진우 역. 문예출판사 1997.]

Prestwich, D. L. 2004. Character education in America's schools. School Community Jaurnal, 14(1), 139-150.

Ricoeur, Paul. 1988(1985),Time and Narrative. Volume 3. translated by Kathleen Blamey and David Pellauer. Chicago and London : University of Chicago Press. (『시간과 이야기 3』. 김한식 역. 문학과지성사, 2004).

Turner, Mark. 1996. The Literary Mind: The Origins of Thought and Language. New York. Oxford: Oxford University Press.

위기 청소년을 위한 인문치료

최 병 욱

1. 들어가는 말

청소년의 위기적 상황은 청소년 개인의 문제는 물론 아니다. 가정의 해체와 경쟁 사회 등의 사회적 위기 문제가 청소년의 가치관에 악영향을 미치고 있다. 가출과 범죄로 이어지는 학교 밖 청소년 문제는 이미 심각한 사회적 현상이 되었다. 2012년을 기준으로 학교 밖 청소년은 36만 명이며, 소속이 파악되지 않는 청소년이 28만여 명으로 추산된다. 학교 내에서도 학교폭력, 교권 침해, 학습 부진과 학업중단 등 위기적 상황들이 발생하고 있고, 이는 학교 밖 청소년의 문제로 이어지고 있다.

청소년들의 다양한 위기는 이 시기의 교육 기회들이 박탈될 뿐만 아니라 많은 위험 요인들에 노출되어 비행과 범죄로 이어지게 된다. 그 결과 개인적인 불행뿐만 아니라 여러 가지 사회적 문제를 야기하여 사회적으로도 큰 손실을 끼치게 된다. 그러므로 위기 청소년들에 대한 관심이 커지고 이들을 보호하고 건강한 성인으로 성장하도록 돕기 위한 사회적 노력들이 필요하다. 위기 청소년이 학교와 가정, 사회에 건강하게 적응하기 위해서는 가정과 학교, 학교와 사회와의 긴밀한 파트너십이 매우 필요하다. 이 글은 필자가 K청소년비행예방센터에서 실시한 인문치료 프로그램의 구체적인 프로세스를 통해 위기 청소년의 다양한 문제들, 그리고 이것을 어떻게 바라보고 해결할 것인가에 대해 살펴보면서 새로운 인성교육의 방향에 대해 논의해 보고자 하였다.

2. 청소년 인성교육의 필요성

'위기 청소년(Youth at Risk)'이라는 용어는 1983년 미국의 국가우수교육위원회가 교육시스템의 문제점을 진단한 보고서('A Nation at Risk')에서 중도에 학업을 중단할 가능성이 높은 청소년이 증가하고 있는 현상에 주목하여 처음 사용하기 시작하였다. 이 보고서에는 미국 교육정책의 실패의 결과로 감정적 · 행동적 문제, 잦은 결석, 낮은 학업 수행능력, 학업 관심 부족 등의 문제점을 가진 위기 청소년 집단이 생겨났다고 주장했다. 미국에서 처음 이 용어는 학교와 학업에 중점을 두었지만 점차 범죄 예방 전략의 하나로 위기집단을 규정하는 연구가 시작되었고, 부모의 관리 · 감독 부재, 학업중단, 낮은 학업성취도, 가난, 지능, 비행친구와의 만남, 실업 및 폭력 환경 노출, 거주지의 빈

번한 이동, 영양상태 불량 등이 위기 요인으로 진단되었고, 장기적으로 이러한 요인들이 노출되는 청소년을 '위기 청소년'으로 정의하였다.

우리나라에서는 2007년에 제정되고 2015년에 개정된 〈청소년복지지원법〉에 근거하여 위기 청소년을 관련기관에서 지원하고 있다. 〈청소년복지지원법〉 제2조 4항에 보면, '위기 청소년'이란 가정 문제가 있거나 학업 수행 또는 사회 적응에 어려움을 겪는 등 조화롭고 건강한 성장과 생활에 필요한 여건을 갖추지 못한 청소년을 말한다. 더 구체적으로 살펴보면, 가출청소년(16조), 학업중단 청소년(17조), 다문화가정 청소년(18조), 비행과 일탈을 저지른 청소년(19조), 일상생활에 적응하지 못하여 가정이나 학교 외부의 교육적 도움이 필요한 청소년(19조), 폭력이나 학대에 처한 청소년(시행령 7조), 보호자가 없거나 보호자의 보호를 받지 못하는 청소년(시행령 8조)을 위기 청소년으로 제시하였다.

현재 위기 청소년에 대한 관련 기관들의 다양한 지원과 교육이 이루어지고 있지만, 법무부 산하의 청소년비행예방센터가 위기에 처한 청소년들에 대한 보다 체계적인 관리와 교육을 시행하고 있다. 특히 초기 단계의 비행청소년 혹은 위기(가능) 청소년을 의뢰 받아 단기집중형 비합숙 통학형 위탁교육을 실시하고 있어 지역사회 내에서 학교나 교육청, 검찰이나 법원으로부터 가장 많은 교육 의뢰를 받고 있다. 청소년비행예방센터는 법무부 소속기관으로 2007년에 전국적으로 6개의 센터가 개관되었고, 관할 교육청으로부터 대안교육센터로 지정받았다. 현재는 전국 시 · 도지역에 16개 센터가 운영되고 있다. 청소년비행예방센터는 법무부 직제상 명칭이며, 대외적인 명칭으로 청소년꿈키움센터를 사용하고 있다.

청소년꿈키움센터에서는 법교육, 보호자교육, 가족솔루션캠프, 청소년심리상담, 모의법정 및 장애체험 등 각종 체험교육 등을 담당하고 있다. 그중 중추적인 기능을 차지하는 대안교육은 위기 · 비행 초기 청소년 비행예방 및 재범방지를 목적으로 비행유형별 전문교육과 체험활동 중심의 인성교육을 의미한다. 대안교육프로그램 교육대상은 학교에서 의뢰한 부적응 학생 및 학교폭력 가해학생, 징계대상자 등이며, 검찰에서 의뢰한 교육 · 선도조건부 기소유예 대상자, 법원에서 의뢰 또는 명령한 대안교육 대상자 등이다. 꿈키움센터의 대안교육 프로그램은 체험 위주의 인성교육과 심리치료, 문제유형별 전문교육이 체계화되어 있어 그 효과가 입증된 바가 있지만, 인문학 중심의 보다 근원적인 인성교육에 대한 프로그램이 제공되지 못하고 있다.

인성(人性)의 개념은 인간다움을 드러내는 내적 성품이나 심성, 나아가 이러한 심성이 외부로 드러나는 측면까지 고려할 수 있다. 인간의 근원적이고 본질적인 차원이 내적 성품이나 심성이라면, 외적 태도는 마음가짐이나 그것에 의해 나타나는 외적 행동을 포함한다. 전자가 인문학의 인성교육에서 주로 사용하는 개념이라면, 후자는 심리학 분야의 인성교육에서 사용하는 개념으로 볼 수 있다. 따라서 인문학에서는 인성교육이 인격교육이 될 수 있겠고, 심리학에서는 성격의 발달과 교정을 주된 인성교육으로 본다. 영어로 표현하자면 인문학의 인성교육은 Personality Education이 되겠고, 심리학의 인성교육은 Character Education으로 이해할 수 있을 것이다.

따라서 심리학 위주의 인성교육이 위기 청소년들의 심리상태를 잘 파악하고 이를 일시적으로 치유하는 기능을 할 수 있겠지만, 보다 근본적인 치유 방법이 될 수 없다. 왜냐하면 심리학에서는 도덕성이나 가치관을 확립시켜 주려기보다 기질적으로 잘못 형성된 성격이나 기질을 교정하는 교육을 인성교육으로 보기 때문이다. 심리학은 타당한 과학적 방법을 동원하고 있음에도 불구하고 삶의 중요한 부분인 윤리 체계에 대해서는 아무것도 설명하지 못한다. 특히 행동주의자들은 때론 인간을 하나의 실험의 대상이며 아주 천박한 존재로 만들어 버리며, 인간의 풍성한 내면적 정신적 삶에 대해서는 크게 고려하지 않는다.

인간의 마음은 심리학에서와 같은 단순히 욕구나 열등감과 같은 마음이 아니다. 인간의 진정한 마음은 인간 존재의 의미를 깨닫고, 삶의 의미와 가치에 대해 고민하고, 잘못된 행위를 저질렀을 때 죄책감을 느낄 수 있는 그러한 마음이라 할 수 있다. 그래서 인성교육은 단순히 잘못된 인성을 교정하기 보다는 인간의 존재 의미를 묻고, 자신의 삶을 성찰해 보고, 삶의 의미와 가치에 대해 생각하면서 인간의 본질적인 참된 마음을 회복하는 데에 있다고 할 것이다. 그러한 인간 본연의 마음을 회복하는 바탕 위에서 타인을 존중할 수 있고 배려하는 마음을 가진 인격체로 자라도록 도와주는 것이 청소년을 위한 인문학적 인성교육이라 할 것이다.

그렇다고 해서 심리학 인성교육이 잘못되었다는 것은 아니다. 학생들의 심리상태를 올바르게 파악하지 않고서는 윤리와 도덕이라는 취지의 인문학 중심의 인성교육이 실패할 확률이 매우 높다. 옛날과 지금의 청소년의 심리상태는 많은 변화를 보이고 있다. 기성세대보다 좋은 교육 환경과 물질적 혜택을 누리고 있지만, 현재 청소년들이 이전의 청소년보다 더 행복하다고 할 수 없다. 물질 만능과 경쟁 사회, 그리고 가정의 해체 등의 사회적 문제가 청소년들의 가치관에 악영향을 끼치며 혼동을 일으키고 있다.

또한 오늘날 청소년은 이전보다 절제력이 약하며 무슨 일을 하고자 하는 의욕도 없어 보인다. 이러한 무력함을 흡연과 음주, 인터넷 게임, 폭력 등을 통해 채우려고 한다. 필자가 상담한 위기 청소년들도 대부분 이러한 현상들이 나타나고 있다. 청소년들의 이 같은 현상은 삶에 대한 태도에 기인해 보인다. 자신의 삶에 대해 고민해보는 시간도 없이 1등이 미덕이 되는 경쟁사회에서 청소년들은 부모와 학교, 사회로부터 출세 지향적 교육을 받고 자라면서 삶에 대한 무자각적인 증상을 가질 수밖에 없게 되었다. 이러한 심리상태에 있는 청소년들에게 삶의 의미와 가치를 얘기하고, 인간 존재의 의미를 묻는 인문학적 인성교육은 공허한 메아리일 뿐이다. 그래서 인성교육을 올바르게 정착시키기 위해서는 무엇보다도 학생들의 심리상태에 관심을 가져야 한다. 왜냐하면 인문학 중심의 인성교육이 아무리 좋은 내용과 방법이라도 청소년들이 그것을 받아들일 마음이 없다면 아무런 의미가 없을 것이다. 특히 위기 청소년과 같은 비정상적 심리상태에 있는 학생들에게는 더욱 그럴 수밖에 없다. 따라서 인문학적 치유 형태의 인성교육이야말로 위기 청소년을 위한 교육이 아닐까 생각해 본다.

'인간 발달 8단계'와 '정체성 위기' 개념을 정립한 에릭슨(Erik H. Erikson)에 의하면, 청소년기의 정신은 본질적으로 모라토리엄의 성격을 띠고 있으며, 심리사회적으로 유년기와 성인기의 사이에, 그리고 아이의 도덕성과 성인의 윤리 사이에 놓여 있다고 본다. 그것은 또한 이데올로기의 성격을 갖고 있기도 하다. 또래 집단으로부터 인정받기를 열망하고 동시에 악하고 해로운 것을 확실하게 규정하는 의식(儀式)과 신념 그리고 강령을 받아들일 준비가 되어 있는 청소년들에게 사회에 대한 이데올로기적 태도는 호소력이 매우 크다. 때문에 이 시기의 개인은 정체성의 형성을 돕는 사회적 가치를 추구한다. 따라서 이 시기 청소년들에게 세상을 바라보는 올바른 관점, 다름과 잘못을 구별할 줄 아는 시각, 타인을 존중하고 배려하는 마음을 가진 인격체로 자라도록 돕는 인성교육이 절대적으로 필요하다고 하겠다.

3. 인문치료 프로그램

필자는 현재 K청소년꿈키움센터(이하 K센터)에서 위기 청소년들을 위한 인문치료 프로그램을 매주 실시하고 있다. 인문치료는 K센터 교육과정 중 대안교육에 포함된다. K센터는 다른 시도 센터와는 달리 비교적 많지 않은 청소년들을 관리해야 하기 때문에 의뢰기관별, 비행유행별 반편성이 어려워 종합반을 편성하고 있다. 따라서 근태불량이나 학교폭력, 강도나 절도, 교권침해 등 유형별로 반편성이 어렵기 때문에 이들 문제유형별 대상 청소년들을 모두 아우르는 프로그램이 필요하다. 또한 지속적인 프로그램이 어렵기 때문에 짧은 교육기간에 효과적인 프로그램을 운영해야 한다.

인문치료 프로그램의 목적은 위기 청소년들이 인문치료를 통해 자신의 마음을 성찰하고, 그 바탕 위에서 관계 속의 배려와 공감을 느껴보고, 더불어 행복과 꿈을 찾는 계기를 만들어 주는 것이다. 그러나 앞서 서술했듯이 청소년기 학생들에게 이성적이고 합리적인 내용으로 프로그램을 전개하기는 매우 어렵다. 게다가 학교생활조차 힘들어하는 학생들을 집중시키며 프로그램을 운영하기는 더욱 쉽지 않은 일이다. 따라서 청소년들이 프로그램에 집중할 수 있게 다양한 인문학적 방법과 콘텐츠를 이용하고자 했다. 아래의 프로그램은 현재 K센터에서 대안교육 학생들에게 활용하고 있는 2가지 형식의 프로그램이다. 이 프로그램은 오랜 기간의 시행착오 끝에 만들어진 것이다.

위기 청소년 인문치료 프로그램

프로그램	활동 내용	활용자료
1	– 〈어떤 이의 꿈〉 노래 듣고 나의 꿈 이야기 하기 –『명심보감』 함께 읽기 – 공감하기 : 닉부이치치 이야기 – 〈권학문(勸學文)〉 읽고 현재의 중요성 느껴보기 – 영화 〈어바웃타임〉 : '행복공식' – 〈거위의 꿈〉 함께 부르기	〈어떤 이의 꿈〉 『명심보감』 〈닉부이치치 영상〉 주자(朱子) 〈권학문〉 〈어바웃타임〉 〈거위의 꿈〉
2	– 인간관계와 긍정적 정서의 중요성 :『논어』 읽기 – 영화 〈공자, 춘추전국시대〉 : '서(恕)'에 대한 이해 – 영화 〈127시간〉 : 행동의 결과와 관계의 중요성 – 〈권학문〉 읽고 현재의 중요성 느껴보기 – 영화 〈어바웃타임〉 : '행복공식' – 〈거위의 꿈〉 함께 부르기	『논어』 〈공자, 춘추전국시대〉 〈127시간〉 주자 〈권학문〉 〈어바웃타임〉 〈거위의 꿈〉

1회기 프로그램

필자는 먼저 학생들과 인사하면서 자연스럽게 흥미를 이끌어내기 위해 꿈과 관련된 노래를 물어본다. 그러면 많은 학생들은 가수 인순이가 부른 〈거위의 꿈〉을 이야기한다. 그 노래는 마지막에 함께 부르게 될 것이라고 말해주며, 필자는 아래의 곡을 들려준다.

> 〈어떤 이의 꿈〉
> 어떤 이는 꿈을 간직하고 살고,
> 어떤 이는 꿈을 나눠주고 살며,
> 다른 이는 꿈을 이루려고 사네.

어떤 이는 꿈을 잊은 채로 살고,
어떤 이는 남의 꿈을 뺏고 살며,
다른 이는 꿈은 없는 거라 하네.
세상에 이처럼 많은 사람들과,
세상에 이처럼 많은 개성들.
저마다 자기가 옳다 말을 하고,
꿈이란 이런 거라 말하지만,
나는 누굴까? 내일을 꿈꾸는가?
나는 누굴까? 아무 꿈 없질 않나?
나는 누굴까? 내일을 꿈꾸는가?
나는 누굴까? 혹 아무 꿈!

"나는 누구인가?" 이 노래의 후렴구처럼 내가 어떤 사람인지를 알려면 내가 어떤 꿈을 꾸고 있는지 알아야 한다. 꿈이란 그 사람이 지향하는 바, 사고방식, 생각을 담고 있어서 그 사람의 내면을 알 수 있게 하는 판단근거가 된다. 청소년들은 내가 누구인지 깊이 고민하고 내가 뭘 잘할 수 있는지 고민하고, 내가 뭘 할 때 가장 즐거운지 되돌아보고, 내 미래가 어떤 모습인지 상상해 보는 과정이 필요하다.

청소년 시기는 인생에서 자신의 미래 자화상과 정체성을 만들어가는 시기이다. 에릭슨의 인간 발달의 여덟 단계에 보면 청소년기는 '정체성 대 역할 혼란'의 시기로서 이 시기에 자신의 정체성에 대해 스스로 잘 응답하고 적응할 때 건강한 정체성이 형성되며 그렇지 않을 경우에는 혼란에 빠지게 된다. 특히 내부로부터의 급격한 생리적 변화와 그들 앞에 놓인 구체적인 성인의 과업에 직면하면서 성장과 발달을 경험하는 청소년들은 그들 자신이 생각하는 스스로의 모습과 다른 사람들의 눈에 비친 자신의 모습이 어떻게 다른지 신경을 쓰기 시작한다. 또한 이전에 습득된 역할과 기능을 앞으로의 직업적 원형에 어떻게 연결시킬 것인가 고민을 한다.

따라서 이 시기에 청소년들이 자신의 꿈을 찾아가는 과정은 건강한 정체성을 형성하는 매우 중요한 시간이다. 프로이트, 융과 함께 심리학의 3대 거장으로 알려진 알프레드 아들러(Alfred Adler)는 사춘기의 모든 위험은 인생의 3대 문제 -직업, 결혼, 교제- 를 향한 올바른 훈련과 준비가 부족했던 데 그 원인이 있다고 했다. 그렇다고 청소년들이 미래를 두려워하고 있다고 그들에게 최소한의 노력을 기울여 미래에 대응하라고 하는 것은 아무런 유익도 주지 않는 길이라 했다. 아들러는 사춘기 아이들이 명령받고 권고 받고 비판을 받으면 받을수록 더욱 더 자신이 깊은 늪의 바로 앞에 서 있다는 불안감을 강하게 느끼게 되기 때문에 우리들은 이 아이들에게 용기를 북돋워 주는 방법밖에는 없다고 했다. 필자는 꿈이 있는 아이들은 프로그램을 통해 그 꿈에 대해 다시 한 번 생각해 보는 계기가 될 것이며, 꿈이 없다고 대답한 아이들은 이 프로그램을 통해 자신의 꿈을 꿈꾸게 되는 계기로 만들라고 충분히 격려해준다.

필자가 보여준 〈어떤 이의 꿈〉 노래는 원곡이 아닌 이전에 방송되었던 청소년 드라마 〈드림하이〉에서 뚱뚱한 학생(아이유 분)이 부른 노래이다. 최고의 가창력을 가졌지만, 단지 뚱뚱하다는 이유로 자아존중감이 낮고 학생들의 무시를 받고 있던 아이였다. 별명도 천근여왕(千斤女王)이었다. 이 학생은 가수가 꿈이다. 만약 현실에서 이 학생이 뚱뚱하고 못생겼다는 이유로 다른 학생들의 왕따와 놀림을 당해 학교를 포기하고 결국 가수의 꿈도 포기한다면 학교폭력의 희생양이 된 것이다. 노래 가사의 일부분(밑줄)처럼 학생들의 왕따와 놀림이 남의 꿈을 뺏은 것이다. 필자는 이 노래를 들려주며, 학교 폭력은 결국 남의 꿈을 뺏는 일이며, 또한 자신의 꿈도 빼앗아 가는 행위일 수도 있음을 얘기해 준다.

누군가를 쓸모없고, 열등하고, 존중할만한 가치도 없는 존재로 느끼게 만드는 강력한 반감은 바로 경멸이다. 경멸은 학교폭력 가해자의 핵심적 특성이다. 경멸은 편견으로부터 시작된다. 편견은 가정, 학교, 사회에 깊이 뿌리내린 사고방식과 관련이 있다. 인종, 젠더, 종교, 신체적 특성, 정신적 특성에 대한 편견은 가해자가 특정한 아이 개인이나 그 아이가 속한 집단에 대한 경멸을 정당화하는 데 사용될 수 있다. 따라서 편견을 바로 잡아주는 지속적인 인성교육이 청소년들에게 반드시 필요하다.

학교현장에서 괴롭힘의 방식에는 언어적, 신체적, 관계적 괴롭힘 세 가지 유형이 있다. 그 중 언어는 가장 강력한 도구이며, 당하는 입장에 있는 아이의 마음에 깊은 상처를 줄 수 있다. 학교폭력에서 언어적 폭력은 남녀 청소년들이 사용하는 괴롭힘 중 가장 쉽게 볼 수 있는 유형이다. 괴롭힘의 70%가 언어학대로 보고되고 있을 정도이다. 반복적인 언어학대는 연령과 상관없이 모든 아이에게 피해를 주지만, 아직 강한 자의식이 발달하지 않은 어린아이에게는 특히 더 치명적이다.

학교폭력은 근본적으로 타인의 고통에 공감하지 못하는 마음에서 생겨난다. 유가철학에서 인간의 본성 문제를 중요하게 다룬 맹자(孟子)는 사람들이 누구나 차마 남의 고통을 외면하지 못하는 마음〔不忍人之心〕을 가지고 있다고 했다. 맹자는 다른 사람의 고통을 안타까워하는 마음을 측은지심(惻隱之心)이라고 했다. 『맹자』에 다음과 같은 말이 나온다. "지금 어떤 사람이 문득 한 어린아이가 우물 속으로 빠지게 되는 것을 보게 된다면, 누구나 깜짝 놀라며 측은하게 여기는 마음을 가지게 된다. 그렇게 되는 것은 어린아이의 부모와 교분을 맺기 위해서가 아니고, 마을 사람과 친구들로부터 어린 아이를 구했다는 칭찬을 듣기 위해서도 아니며, 어린아이의 울부짖는 소리가 싫어서 그렇게 한 것도 아니다. 측은하게 여기는 마음이 없다면 사람이 아니다."(「공손추」상)

맹자는 인간의 존재의미를 남의 고통을 차마 견디지 못한 마음에서 찾고 있다. 맹자는 고통 받는 타인에 무심하거나 타인의 고통에 공감할 수 없다면 인간의 자격이 없다고 말한다. 맹자에 따르면 청소년들이 저지르는 학교폭력이나 범죄만이 부도덕이 아니다. 다른 이의 고통에 대한 공감 능력을 상실하는 순간 이미 부도덕의 길로 들어서는 것이다. 이는 자기 본성을 외면하는 동시에 타인의 생존권을 빼앗는 일이기 때문이다. 맹자 사상에서

보자면, 인간에게는 근본적으로 선한 행동을 할 싹이 있음으로 강력한 법과 제도로 학생들을 통제하기보다는 인간에 대한 신뢰에서 비롯된 예의와 인성교육이 더욱 중요하다고 본다.

대안교육 학생들에게 맹자의 이야기를 구체적으로 들려주지는 않는다. 시간의 제약도 있을뿐더러 학습자로서 수용되기 어려운 의미가 될 수 있기 때문이다. 필자는 그 대신 사지가 없지만 행복전도사로 세계에 알려진 닉 부이치치(Nick Vujicic)의 영상을 보면서 공감하기를 느껴보고자 했다. 닉 부이치치 역시 학교생활에서 따돌림의 대상이 되기도 했고, 자살 생각도 해보았다. 그러나 그는 자신에게 끊임없이 자기가 가치 있는 존재라고 주문을 외웠고, 오히려 자신의 몸을 당당히 세상에 보임으로써 행복전도사로 살아가고 있는 것이다.

일반적으로 위와 같은 형식으로 1회기 프로그램을 마치지만, 경우에 따라서는 두 번째 형식의 프로그램으로 시작한다. 검찰이나 법원에서 의뢰한 학생들이 많은 경우, 또는 대안교육 자체를 힘들어하는 학생들이 많은 경우에는 영화를 활용하여 인간관계와 긍정성, 타인에 대한 이해와 배려, 그리고 행위의 결과에 대한 성찰에 대해 함께 이야기해 본다.

우리 모두는 인간관계를 떠나서 살 수 없다. 인간은 사회라는 맥락 속에서 비로소 '개인'이 된다. 알프레드 아들러는 인간의 고민은 전부 인간관계에서 비롯된 고민이라고 하였다. 그리고 이것이 그의 심리학의 근저에 흐르는 개념이다. 공자도 『논어』의 첫 마디에서 인간관계의 배움과 실천을 강조하고 있다.

먼저, 필자는 『논어』의 「학이」편 첫 구절을 보여주며 함께 읽어 보도록 한다. 공자께서 말씀하셨다. “배우고 때때로 그것을 익히면 또한 기쁘지 않은가? 벗이 먼 곳에서 찾아오면 또한 즐겁지 않은가? 남이 알아주지 않아도 성내지 않는다면 또한 군자답지 않은가?”(「학이」 1) 논어의 첫 머리에서 공자가 강조하고 있는 것은 기쁨〔說〕, 즐거움〔樂〕, 화내지 않음〔不慍〕 같은 긍정적 정서이다. 논어의 가르침이란 곧 인간관계에 대한 가르침이다. 다시 말해서 인간관계에 대해 잘 배우고 그것을 적절히 익히고 실천하면 행복해진다는 뜻이다.

그리고 친구 관계에서 중요한 것은 상대방에 대한 이해와 배려이다. 『논어』에는 다음과 같은 말이 나온다. 자공이 말하기를, “저는 남이 저에게 하기를 바라지 않는 일을, 저 또한 남에게 하지 않으려고 합니다”고 하자 공자께서는 “사야, 그것은 네가 해낼 수 있는 일이 아니다”(「공야장」11)라고 하여 ‘입장을 바꿔 생각하며 행동한다는 것’〔恕〕이 말처럼 쉬운 일이 아님을 얘기하고 있다.

학생들을 위해 좀 더 이해하기 쉽게 영화 〈공자, 춘추전국시대〉의 일부분을 보여준다. 영화에서 공자는 한 귀족의 장례식에서 도망 온 어린 노비를 보호하며 순장의 폐지를 주장한다. 공자가 보호하고 있는 노비를 돌려줄 것을 주장한 귀족의 가신에게 공자는 죽은 귀족의 무덤으로 들어갈 수 있느냐고 물었다. 가신이 당황하며 대답을 못하자 공자는 그에게 “남이 나에게 하기를 바라지 않는 일을 나 또한 남에게 하지 않는다”고 말했다. 결국

노비 아이는 자유의 몸이 되었다. 필자는 학생들에게 "남이 나에게 하지 않았으면 하는 것은 무엇인가?"라는 주제로 함께 얘기하면서 그것이 곧 자신이 남에게 하지 말아야 하는 것임을 이해하게 하였다.

프로그램에 참여한 대부분의 아이들은 '남이 나에게 하지 않았으면 하는 것'이 주로 욕이나 무시, 그리고 따돌림 같은 것이었다. 관계적 괴롭힘은 외부에서 식별하기 가장 어려운 유형으로 무시나 배척, 그리고 따돌림을 통해 피해 아동의 자의식을 체계적으로 사라지게 만드는 형태의 괴롭힘이다. 관계적 괴롭힘은 또래를 고립시키고 배척하거나 고의적으로 상대의 친구 관계를 망가뜨리기 위해 사용될 수 있다. 이것은 위협적으로 노려보고, 눈동자를 굴리고, 한숨을 쉬고, 찡그리고, 비웃고, 얕보듯이 낄낄 웃고, 적대적인 몸짓을 하는 것과 같은 미묘한 제스처를 포함한다. 관계적 괴롭힘은 신체적 · 정신적 · 정서적 · 성적인 변화를 동반하는 십대 중반의 청소년들에게 큰 영향을 미친다. 이때쯤 십대들은 자기 자신의 정체성을 확립하려 하고 또래와 어울리려고 하기 때문이다.

10대 청소년들은 또래와의 관계 형성을 통해 자아정체성을 찾는다. 그렇기 때문에 부모와 형제와의 시간보다는 또래 친구와 보다 많은 시간을 보내고 대화를 한다. 부모들은 이러한 10대들의 특징을 먼저 이해해야 한다. 기다리지 않고 강제로 개입하게 되면 더욱 어긋나게 된다. 필자는 인문치료 프로그램에서 이러한 청소년들의 특성을 함께 얘기하면서 공감을 얻는다. 그리고 학생들에게 가족, 친구, 그리고 나아가 이 세계 속의 관계에 대해서 좀 더 깊이 생각하도록 한다. 그리고 우리는 영화 〈127시간〉의 일부분을 감상한다.

영화 〈127시간〉은 아론 랠스턴(Aron Ralston)의 실화를 바탕으로 한 영화로 2003년 등반 도중에 조난당해서 구사일생으로 살아나온 내용이다. 그는 항상 혼자서의 등반은 있어왔지만, 이때만큼은 생각하지 못한 사고를 당한다. 암벽 사이에서 떨어진 바위와 암벽 사이에 오른손이 짓눌려 빠지질 않는 상황에 처하게 된다. 이후 127시간 동안 아론은 지나온 순간들과 가족의 모습들을 생각하며 결국 자신의 팔을 자르고 그곳을 탈출한다.

아론 랠스턴은 가족, 그리고 친구와의 관계도 좋지 않은 편이었다. 언제나 개인주의적이고 자신이 늘 먼저였던 사람이었다. 그래서 그는 등반을 할 때엔 누구에게도 알리지 않고 늘 혼자 다녔다. 그는 바위와 암벽 사이에 오른손이 짓눌린 127시간 동안 자기가 현재 이렇게 된 것은 결국 과거 자신의 행동과 선택으로 이렇게 되었다고 생각했다. 결국 그는 과거의 이기적인 자신의 행동의 결과물인 돌덩어리에서 탈출하여 새로운 삶을 시작한다. 죽음을 넘나든 이후 그는 달라진 자신의 인생을 언제나 경외하는 마음으로 바라보고 있다고 한다.

〈127시간〉을 보면 우리 모두는 혼자 살아갈 수 없는 존재임을 느낀다. 내가 살아가는 데 고마운 존재들인 가족, 친구, 그리고 나를 둘러싼 모든 것들, 그냥 옆에 있어서 있는가보다 생각했지만 결국 그들 없이는 난 존재할 수 없는 존재이다. 이 영화는 위기 청소년들이 과거 자신의 잘못된 행동과 선택에 대해 성찰해 볼 수 있는 자료이다. 영화의 주인공은 과거 자신의 행동 하나하나가 커다란 돌이 되어 블루존 캐년에서 자신을 기다리고 있었다고 생각한다. 필자는 학생들에게 얘기한다. 우리들의 잘못된 행동 하나하나가 언젠가는 우리들의 삶을 짓누르는 커다란 바위로 변화될지도 모른다고. 지금이야말로 새로운 나를 찾기 위한 결단의 모습이 필요하다고 말한다.

2회기 프로그램

위기 청소년의 문제는 청소년 자신만의 문제는 분명 아니다. 부모와 학교, 그리고 사회의 문제이기도 하다. 그러나 자신이 처한 상황을 슬기롭게 극복하는 것은 주변의 몫도 있지만, 자신의 몫도 있는 것이다. 자신의 주어진 위치에서 하고 싶은 일을 꿈꾸면서 최선을 다해야 하는 것이다. 가장 중요한 것은 '내가 지금 여기에서 어떻게 살아가는가'이다. 2회기 프로그램에서 필자는 주자(朱子)의 〈권학문(勸學文)〉을 학생들에게 제시하며, 함께 읽어본다.

소년은 쉽게 늙고 학문은 이루기 어렵다 〔少年易老學難成〕
순간의 세월을 헛되이 보내지 마라 〔一寸光陰不可輕〕
연못가의 봄풀이 채 꿈도 깨기 전에 〔未覺池塘春草夢〕
계단 앞 오동나무 잎이 가을을 알린다 〔階前梧葉已秋聲〕

그러나 위기 청소년들에게 〈권학문〉의 말이 당장 마음에 와 닿지는 않을 것이다. 학생들은 분명히 "공부하는 것도 때가 있으니 열심히 공부해라"고 선생님과 부모님께 수 없이 들었을 것이다. 중학생, 고등학생 때 열심히 공부해야겠지만, 많은 청소년들은 빨리 어른이 되어 자기가 하고 싶은 대로 하길 바랄 뿐이다. 누구의 간섭도 없이 술도 마시고, 담배도 마음껏 피우고 싶은 것이 위기 청소년들의 마음이다. 그럼에도 불구하고 과거로 돌아가서 자신의 행동이나 선택에 후회한 적이 있냐는 물음에 많은 학생들이 구체적인 시기를 얘기하였다. 아래에 몇 가지 예시를 적어본다.

A(중2) : 1년 8개월 전. 비행 시작할 때. 후회가 된다.

B(중2) : 작년 8월 때. 장난삼아 친구들 돈을 뺏음. 반성 많이 하고 있다.

C(중2) : 초등 5학년 때. 담배를 처음 피움. 현재도 피우고 있지만 끊을 것이다.

D(고3) : 중학교 1학년 때. 친구를 잘못 만나 나쁜 행동을 일삼았다. 그것이 지금의 나를 만들었다.

E(고2) : 중학교 1학년 때. 친구를 집단 구타했다. 지금 생각해보니 부끄럽다.

F(고1) : 중학교 1학년 때. 담배를 피우기 시작했고, 절도를 했다.

G(고3) : 작년 10월. 다시는 그런 일을 저지르지 않을 것이다.

누구나 과거의 잘못된 행동이나 선택에 대해 후회하고 살아간다. 그러나 똑같은 상황이 반복되었을 때 같은 실수를 반복하곤 한다. 청소년기에 담배를 피우거나 술을 마시는 것이 건강을 해치는 행위일 뿐만 아니라 사회에서도 용인되지 않는 것이라는 것을 알면서도 금연하거나 금주하기는 쉽지 않다. 하지 말라고 하면 더 하고 싶은 게 청소년기 10대들의 특징이다. 어른들은 청소년들이 비행을 하지 못하도록 강제하기보다는 자신의 행위가 자신에게 어떠한 의미인가를 스스로 인지할 수 있도록 만들어주는 것이 중요하다.

인문치료 프로그램에서는 '내가 지금 여기에서 어떻게 살아가는 것이 올바른 것인가'라는 물음에 쉽게 다가갈 수 있는 영화를 보여줌으로써 위기 청소년과 이 문제에 대해 함께 이야기하였다. 그 영화는 〈어바웃타임(About Time)〉이다. 〈어바웃타임〉은 2013년에 개봉한 영국의 영화이다. 자신의 과거를 변경할 수 있는 시간 여행이란 특별한 능력을 가진 젊은 남자가 첫눈에 반한 여자와의 완벽한 사랑을 이루기 위해 시간여행을 하는 이야기이다. 이 영화는 단순한 로맨틱 드라마라기보다 행복에 대해 묻는 영화이며, 그 질문에 대한 대답은 지금 현재를 느끼며 열심히 사는 것이라는 메시지를 전하고 있다. 프로그램에 사용하는 영화의 내용은 아버지가 폐암으로 죽음을 앞두고 주인공인 아들에게 자신이 시간여행을 하면서 느꼈던 '행복공식'을 알려주겠노라고 얘기하는 부분이다.

행복공식의 첫 번째 단계는 평범하게 하루를 보내는 것이다. 두 번째 단계는 그 평범한 하루를 다시 살아보라는 것이다. 그러나 두 번째 단계에는 삶의 순간순간에 세상의 아름다움을 느끼면서 살아보라고 했다. 주인공은 아버지가 얘기해 준 행복공식이 바로 '현재를 열심히 사는 것'임을 깨달았다. 청소년들이 모두 매일 매일 주어진 하루를 열심히 살아간다면 후회했던 과거로의 여행이 필요 없을 것이다. 그리고 그 매일 매일의 하루에 의미를 부여하고, 각자마다의 꿈을 향해 노력한다면 청소년들 인생의 멋진 여행을 즐길 수 있을 것이다. 그렇게 된다면 먼 훗날 자신의 과거를 바라볼 때 적어도 후회의 폭은 적어질 것이다.

마지막으로 우리는 한국의 대표적 가수 인순이가 불러서 유명해진 〈거위의 꿈〉을 함께 부른다. 〈거위의 꿈〉을 부른 가수 인순이는 현재 한국의 대표적인 가수이다. 그녀는 흑인 아버지와 한국인 어머니 사이에 태어났다. 그녀는 1960-70년대 학창시절 까만 피부색 때문에 아이들의 놀림감이 되었다. 상처를 받은 그녀는 집밖으로 나오지 못했다. 어쩌면 이 노래 자체는 가수 인순이의 삶을 말해 준다고 볼 수 있다. 인순이는 자신의 꿈을 믿었기에 최고의 자리에 설 수 있었다.

앞서 얘기했듯이 학교폭력 가해자의 핵심적 특성은 경멸이다. 경멸은 편견으로부터 시작한다. 편견을 바로 잡을 수 있는 것은 우리 가정, 학교, 사회 모두가 아이들에게 교육해야 할 몫이다. 다문화사회에 접어든 지금의 한국 사회에서도 여전히 피부색에 대한 차별과 편견을 가지고 있고, 이것이 따돌림과 괴롭힘으로 나타나기도 한다. 피부색이 다른 다문화 가정의 자녀들이 우리와 다른 점이 있다면 피부에 얼마나 멜라닌 색소를 가졌느냐의 차이뿐이다.

에릭슨에 의하면, 청소년기는 '정체성 대 역할 혼란'의 시기로서 이 시기 청소년들은 매우 배타적일 수 있다. 그들은 피부색이나 문화적 배경, 취미와 재능, 그리고 외집단의 구성원과 내집단의 구성원을 구별하는 표식으로 옷이나 제스처 등의 사소한 것들에까지 자신들과 '다른' 이들을 잔인하게 배척한다. 그러한 편협함을 정체성 혼란에 대항하려는 방어 수단으로 이해(묵인하거나 동참한다는 뜻이 아니라)해 주는 것은 매우 중요하다고 한다. 따라서 청소년들이 다른 시기보다 더 '다른' 이들을 배척하는 이유를 이해하는 바탕 위에서 그들의 편견이나 편협함을 바로 잡는 인성교육이 필요하다고 본다.

〈거위의 꿈〉으로 다시 돌아가 보자. 현재 자신의 현실에서 멋진 꿈을 꾸고 있는데 누군가 그것을 비웃는다고 절망할 것인가? 아니면 당당히 운명에 맞설 것인가? 청소년들도 자신의 꿈을 이루려면 도전과 열정을 가지고 열심히 날개 짓을 해야 할 것이다. 그러나 위기 청소년들은 대부분 하루하루를 의미 없이 보내고, 별다른 꿈도 없이 살아간다. 혹은 자신의 의지나 적성과 관계없이 보다 쉽고 편한 직업을 선택하기도 한다. 또한 꿈이 무엇이냐고 묻는 질문에 많은 청소년들이 부자가 되고 싶다고 했다.

조선시대 대표적인 청백리 이원익(李元翼)의 좌우명은 다음과 같다. "뜻과 행동은 나보다 나은 사람과 견주고, 분수와 복은 나보다 못한 사람과 비교한다〔志行上方, 分福下比〕." 자신의 삶의 가치를 어디에 두느냐에 따라 행복의 느낌도 달라진다. 현재 우리 사회는 뜻과 행동은 나보다 못한 사람과 비교하고, 물질은 나보다 나은 사람과 비교한다. 그러다보니 삶도 뒤집히고 불행해진다. 슬픈 일이다. 물론 우리나라만의 문제는 아니다. 오늘날 삶의 명백한 무의미함에 대한 좌절이 전세계적으로 가장 긴급한 문제가 되었다. 산업사회는 모든 개별적인 요구들을 충족시키기 위해 생겨났으며, 소비사회는 그것들을 만족시키기 위해 심지어 새로운 요구를 만들어내기도 한다. 그러나 가장 중요한 요구, 의미를 향한 요구는 무시되고 경시되고 있다.

그래서 빅터 프랑클(Viktor Frankl)은 인간의 심리적 장애는 욕구의 결핍이나 차단에 의해 발생할 수도 있지만 다른 원인 즉 삶의 의미의 상실에 기인한다고 보았다. 그래서 그는 심리적 치유를 위해 삶의 의미를 묻고 찾는 것이 중요하다고 주장하였다. 또한 인간의 도덕적 주체성을 확립한 맹자에게 있어 인간은 가치를 추구하는 의지가 있기 때문에 인간답다는 것이다. 그에게 있어 인간이 중요한 이유는 그가 생물학적 욕구를 넘어 삶의 의미를 추구하는 존재이기 때문이다. 필자는 인문치료 프로그램을 통해 위기 청소년들이 인간 존재와 삶의 참된 의미를 깨닫고, 그 바탕 위에서 관계 속의 배려와 공감을 느껴보고, 자신의 꿈을 찾는 계기가 되기를 바란다. 인문치료 프로그램을 마친 몇몇 학생들의 소감문을 여기에 싣는다.

A: “이번 인문치료를 하면서 아무리 다 같은 삶을 살아도 나의 가치관 하나하나, 마음가짐 하나하나에 따라서 나의 삶의 가치도, 기쁨도, 주변 사람의 행복도 달라진다는 것을 느꼈다. 그리고 사람에겐 가끔은 힘든 시련이 와도 터닝 포인트가 있어서 깨달음을 얻고 변하게 되는 계기가 있어야 한다는 생각이 들었다.”

B: “사람은 현재 행복하다고 느끼지 않을 때가 가장 행복하다는 것을 배운 시간이다. 시간이 지나면 절대로 되돌아갈 수 없고, 과거를 후회해도 소용이 없다. 나도 나중에 후회하지 않도록 현재 노력을 열심히 해서 더 나은 미래를 만들겠다. 꿈을 향해서 한발 한발 나아가겠다.”

C: “꿈에 대해서도 한 번 더 깊게 생각할 수 있었고, 하루하루 그냥 무미건조하게 살았는데 인문치료를 하면서 하루하루 후회하지 않게 뜻 깊고 긍정적인 생각으로 지내야겠다고 느꼈다.”

4. 나가는 말

오늘날 청소년들은 1등만이 강요되고, 부모와 학교의 지식 위주의 학업에만 전념하면서 자신에 대한 성찰과 삶의 의미에 대해 생각해 볼 여지가 없이 성장하고 있다. 자신의 삶에 대한 의미가 상실된 상태에서 타인에 대한 존중과 배려와 같은 도덕적 실천은 청소년들에게 중요한 가치가 될 수 없다. 따라서 청소년에 대한 인성교육도 중요하겠지만, 우리 어른들의 사회적 관심과 실천이 더욱 중요하다 할 것이다.

청소년 시기는 인생에서 자신의 미래 자화상과 정체성을 만들어가는 중요한 시기이다. 필자는 인문치료 프로그램을 통해 청소년들이 〈어떤 이의 꿈〉을 듣고 함께 꿈에 대해 서로 얘기하는 시간을 자연스럽게 갖도록 하였다. 또한 〈어떤 이의 꿈〉의 가사 내용을 함께 나누면서 학교 폭력은 결국 남의 꿈을 뺏는 일이며, 자신의 꿈도 빼앗아 가는 행위임을 확인하였다.

청소년 시기에는 감정적 동요가 심하고 허세를 부리기 좋아하며 과격하고 위험한 행동에 망설임이 없다. 프로그램을 통해 그러한 행동과 사고는 청소년 시기에 뇌가 발달해 가는 지극히 정상적인 과정이라는 사실 자체를 깨달으면서, 내면의 자신을 향해『명심보감』의 구절들을 외쳐보게 하였다. 또한 학교폭력은 근본적으로 타인의 고통에 공감하지 못하는 마음에서 생겨나는 것이다. 우리는 공감하기 위한 방법으로 닉 부이치치의 영상과 그가 들려주는 이야기를 통해 삶의 의미와 청소년들의 행복에 대해서도 생각해보는 시간을 가졌다.

『논어』를 통해 인간관계와 긍정적 정서를 느껴보고, 영화 〈공자〉를 보면서 '입장 바꿔 생각하며 행동하기'에 대한 이해를 하고, 관계적 괴롭힘이 얼마나 위험한 일인가를 느껴보았다. 또한 영화 〈127시간〉을 보면서 과거 자신의 잘못된 행동과 선택에 대해 성찰해 보는 시간을 가졌다. 청소년들은 자신의 행동이나 선택에 후회했던 시기에 대해 함께 이야기 하고, 필자는 프로그램을 통해 그들의 그러한 행위가 자신에게 어떠한 의미인가를 스스로 인지할 수 있도록 만들어주고자 했다. 영화 〈어바웃타임〉을 보면서 '내가 지금 여기에서 어떻게 살아가는 것이 올바른 것인가'라는 물음에 대한 답을 함께 공유했고, 행복공식에 대해서도 생각해보았다. 마지막으로 〈거위의 꿈〉을 함께 부르면서 꿈의 의미에 대해 생각해보고, 삶의 가치에 대해서도 생각해 보는 시간을 가졌다. 이러한 인문치료 프로그램의 활동을 통해 위기 청소년들이 자신의 마음을 성찰하고, 그 바탕 위에서 관계 속의 배려와 공감을 느껴보고, 더불어 행복과 꿈을 찾는 계기를 만들어 주고자 하였다.

■ 이글은 필자의 논문 「'위기 청소년'을 위한 인성교육과 인문치료」(『인문과학연구』 49, 2016)를 수정 · 보완한 것이다.

■ 참고문헌 ■

공자, 김형찬 옮김, 『논어』, 홍익출판사, 2011.

권상우, 「유학의 도덕교육: 도덕적 치유」, 『초등도덕교육』 43, 2013.

권해수 · 김현정, 『청소년비행예방센터에 의뢰된 초기 단계 비행청소년을 위한 대안교육 프로그램 효과』, 『한국청소년연구』 24-2, 2013.

김상균, 「비행청소년과 일반청소년의 도덕발달 차이 연구」, 『한국공안행정학회보』 20, 2005.

김선옥, 「위기 청소년의 현황과 과제」, 한국청소년시설환경학회 국제심포지엄, 2005.

맹자, 박경환 옮김, 『맹자』, 홍익출판사, 2011.

바버라 콜로로소, 염철현 옮김, 『괴롭히는 아이, 당하는 아이, 구경하는 아이』, 한울아카데미, 2013.

박찬걸, 「청소년비행예방센터의 효율적인 운영방안」, 『소년보호연구』 19, 2012.

백혜정 외, 『학교 밖 청소년 지원정책 체계화 방안 연구』, 한국청소년정책연구원, 2015.

빅터 프랭클, 이시형 옮김, 『삶의 의미를 찾아서』, 청아, 2005.

에릭 H. 에릭슨, 송제훈 옮김, 『유년기와 사회』, 연암서가, 2014.

윤철경 외, 『위기 청소년 지역사회 안정망 실태와 발전 방안』, 한국청소년개발원, 2006.

윤철경 외, 『학업중단 청소년 패널조사 및 지원방안 연구Ⅰ』, 한국청소년정책연구원, 2013.

이유진 외, 『청소년 기업가정신 함양 및 창업 활성화 방안 연구Ⅱ』, 한국청소년정책연구원, 2015.

정민, 『조심』, 김영사, 2014.

정창우 · 박영하 외, 『질문하는 십대, 대답하는 인문학』, 풀빛, 2014.

추적, 백선혜 옮김, 『명심보감』, 홍익출판사, 2012.

홍응명, 한용운 옮김, 『채근담』, 돋을새김, 2012.

A.아들러 · H.오글러, 설영환 옮김, 『아들러 심리학 해설』, 선영사, 2015.

문학과 치료의 만남 : 텍스트 중심에서 독자 중심으로

이 용 희

1. 서론

1.1 연구의 필요성과 목적

2015년 교육부와 한국 연구재단에서 발표한 "대학 인문역량 강화사업(CORE)"은 학문의 상아탑에서 안일하게 지내던 필자에게 엄청난 성찰의 기회를 부여하였다. 국내 인문대학을 통째로 흔들어놓고 있는 CORE 사업은 학생들의 취업률과 개인별 연구논문 편수 향상을 종용하던 대학의 기업화를 비판만 할 뿐 내 문학 수업에 대한 근본적인 반성은 없었음을 깨닫게 한 계기가 되었다. 벌써 미국에서는 「누가 셰익스피어를 죽였는가?」("Who Killed Shakespeare?"), 「영문학 전공은 무엇에 쓰는가?」("What are English Majors for?"), 「대학교와 새로운 인문학」

("The University and the New Humanities")라는 소논문들이 2000년대에 쓰여져 영문학과의 변혁을 고민하고 있었다. 국내에서도 또한 세상과 유리된 인문학/영문학에 대한 비판은 나오고 있었다. 김경집은 "과거의 시간 속에 갇힌 인문학은 아무 쓸모가 없다. 늘 새롭게 해석하고 다양한 방식으로 재생산해야 한다. [...] 인문학은 현재의 지식의 흐름을 파악하고 미래의 방향성을 주목해야 할 뿐 아니라 현재의 세상과 삶에 대해 깨어있어야 한다"(2013: 624)면서 학문의 철옹성에서 벗어나 인문학이 세상 속에서 움직여야함을 강력히 권고한다. 이러한 사회 안팎의 변혁 속에서 필자는 영문학의 존립 이유와 교육자로서의 존재 이유를 나름대로 갖추어야 할 필요성을 느꼈으며 이는 곧 영문학 교수법에 반영되었다.

에드워드 사이드(Edward Said)의 "인문주의적 실천을 우리 시대에 현재성을 가진 것으로 재건"(2012: 103)시켜야 한다는 언급에 절대적으로 동의하면서 필자 자신 또한 영문학과 수업진행에 캐논이라고 불리는 정전교육을 무비판적으로 실행해왔음을 고백한다. 학생들에게 그리고 교육자인 필자에게 사이드가 말하는 현재성을 지닌 인문주의를 실천하고자 한 사례로 본 연구는 진행되었다.

많은 문학교육 교수법 중 지난 학기에는 읽기와 창의적 글쓰기라는 행위를 담고 있는 문학치료의 개념을 활용해 보았다. 작품 독해로 끝났던 전통적인 영문학 수업시간에 글쓰기를 도구로 선택한 근거에는 김영훈이 주장하듯이, "북미대학 영문학과에서 발생한 글쓰기 교육 중심으로의 교과 변화[야말로] 오늘날 기업화되어 가는 대학 내에서 영문학과가 자신의 존재 이유와 유용성을 입증하는 주요한 전략"이며 "글쓰기는 학습자의 비판적 사고, 표현력, 학습 성취도에 모두 긍정적으로 작용한다"(2014: 90)고 믿기 때문이다.

이미 많은 영문학 교육자들이 공감하고 있는 것처럼 "텍스트를 통한 독자의 정서적 체험은 지적인 분석에 밀려 도외시"(강서정, 2011: 5) 되어 오고 있는 것이 현재의 영문학 수업현장의 모습일 것이다. 학생들의 정서적 체험을 중요시 다루기 위해서는 독자 반응 비평을 교수법으로 고려할 수 있었지만, 텍스트를 어떻게 읽어내느냐 뿐만 아니라 본인의 읽기 행위로 인한 정서적 체험을 재상징화할 수 있는 글쓰기의 효과에도 초점을 맞추었을 때는, 읽기와 글쓰기의 테크닉을 아우르는 문학치료가 방법론으로 더 적절하였다.

문학치료란 국내에서는 독서치료, 시치료 등으로 번역되는데, 변학수에 의하면 문학치료가 먼저 발달한 미국이나 유럽에서는 더 이상 독서치료가 아니라 "시쓰기 치료(Poetry Therapy)"로 불린다고 주장한다. 비블리오테라피(bibliotherapy)라고 지칭되는 독서치료에 창의적인 글쓰기를 접목하여 "문학적 창의성과 자발성을 바탕으로 문학적 텍스트가 치료에 응용되는 것"(2006: 17)을 변학수는 "문학치료"라 명명한다. 문학치료는 "정신적인 불안과 고통을 겪고 있는 사람들에게 시를 읽게 하거나 쓰게 함으로써 자신을 통찰할 기회를 갖게 하는 치료법"(신주철, 2006:

51)이며 "시를 통해 자신의 문제에 간접적으로 대면함으로써 이를 재인식하고, 통제하게 됨으로써 치유를 경험할"(유건상, 2008: 158 재인용) 수 있다고 믿는다. 여기서 시라는 용어는 구체적인 장르를 지칭하는 것이 아니라 문학 텍스트를 통칭하는 것으로 간주한다. 레아 루빈(Rhea Joyce Rubin)은 문학치료의 대상 영역을 "시설적, 임상적, 발달적"으로 구분(변학수, 2007: 26 재인용)하는데, 본 사례연구의 참여자들이 특별한 심리적, 행동적 장애가 표면적으로 드러나지 않는 대학생들이며 이 수업을 이끄는 필자가 전문적인 상담사도 아니다. 그리고 수업 목표를 학생들 스스로의 문학과의 만남 및 탐색으로 설정하였기에 본 연구에서 사용하는 문학치료의 개념은 발달적 차원의 문학치료로 문학작품의 읽기와 글쓰기를 통한 "자아 강화 및 자기 계발" (변학수, 2007: 26)을 목표로 둔 것이다.

1.2 연구문제

영문학 수업에 문학치료 접근법을 사용한 터라, 2가지(읽기와 글쓰기 행위) 측면에서 연구문제를 다루어 보았다.

1) (읽기 측면) 학생들이 동일시하거나 거리두기를 할 수 있는 등장인물을 작품에서 읽어낼 때, 이는 작품 이해 및 학생들에게 어떤 긍정적인 영향을 미칠 것인가?

2) (글쓰기 측면) 수업 중 활동들, 특히 글쓰기 활동이 학생들에게 어떤 긍정적인 영향을 미칠 것인가?

3) (읽기와 글쓰기의 상관관계) 희곡 작품 내에 학생들과 동일시되거나, 혹은 거리를 두어 비판할 수 있는 등장인물이 있을 때 그 요인이 학생들의 글쓰기 활동에 도움이 될 것인가?

2. 연구방법

2.1 연구대상

본 연구대상은 2015년 2학기 K대학 미드라마와 영상예술 수업을 수강한 학생들 41명으로 남녀 비율은 15:26이다. 학년은 2학년이 20명, 3학년과 4학년이 각각 9, 11명이고 1학년 1명으로 구성되어 있다. 중요하게 언급해야할 부분으로 본 수업은 문학치료의 적극적인 활용이 목표인지라 학생들에게 상대평가에 대한 점수의 압박을 덜어주면서 동시에 자유롭게 자신들의 의견을 펼칠 수 있는 장을 마련하기 위해, 절대평가로 전환되었다.

2.2 자료 수집 및 분석

수업 전 설문지와 수업 후 설문지를 주된 자료로 사용하였고 수업 후 설문지 문항간의 상관관계에 초점을 맞추어 분석하였다. 이를 위해, 신뢰도 분석, 빈도 분석, 그리고 상관관계 분석을 실시하였다. 본고에서는 학생들이 얼마나 창의적, 비판적으로 글을 썼느냐의 평가가 연구 목적이 아니므로 학생들의 글을 분석의 대상으로 삼지 않았다. 대신 학생들의 동의하에 수업 중 다룬 작품에 대한 몇 학생들의 글을 가지고 문학교육에서 글쓰기 활동이 건설적이고 창의적인 문학작품 교수법으로 활용될 수 있음을 보여주는 사례로 소개하도록 한다.

2.3 강의 구성 및 절차

총 15주차의 수업 중에 필자가 선택한 6개의 미국 희곡은 다음과 같다: 『하찮은 것들』(*Trifles*), 『우리 읍내』(*Our Town*), 『밤으로의 긴 여로』(*Long Day's Journey into Night*), 『태양 속의 건포도』(*Raisin in the Sun*), 『팔리는 것들』(*Los Vendidos*), 『동물원 이야기』(*The Zoo Story*). 어떤 책을 선정하느냐는 교육자의 개인 취향을 넘어서 특정한 형태의 제도적 '개입'임을 필자는 직시하고 있다. 이 개입을 수잔 추(Suzanne S. Choo)는 "소음(noise)"이라 부르며 교육자의 "소음"은 부정적인 의미를 넘어 학생들이 텍스트를 무기력하게 받아들이거나 성급한 결론에 다다르게 하는 것을 방해하는 긍정적인 의미를 내포한다고 말한다(2013: 3). 특별히 문학치료를 활용할 시에 "좋은 문학 자체보다는 어떤 사람이 이런 문학을 읽도록 하는지, 어떻게 읽도록 하는지가 더욱 중요하다"(2007: 36)는 변학수의 말처럼 특정한 문학작품을 선정한 내 개입이 미칠 영향 또한 충분히 고려하고 있다. 최대한 정전과 비정전의 분포를 섞고자 했으며, 남녀 작가의 비율과 작품의 주제 및 소재의 다양성도 감안하였다. 시대적으로 1910년대부터 1970년대까지의 작품을 선정하였다. 아쉽게도 15주의 수업시간 부족으로 인해 흑인이외의 인종문제를 다룰 수 있었던 짧은 극인『팔리는 것들』은 작품 읽기만 하고, 그 관련 수업활동(내가 겪어본 인종차별 이야기)을 하지 못하였다.

〈표 1〉 희곡 작품과 관련활동들

차시	희곡 작품	수업 중 활동
3주차	『하찮은 것들』	내가 겪은 남녀 성차로 인한 불평등 이야기 나누기
4주차	『우리 읍내』	가계도 그리기
5주차	『우리 읍내』	10년 뒤 나에게 쓰는 편지
8주차	『밤으로의 긴 여로』	음향효과에 맞춰 극적인 부분 읽기
10주차	『태양 속의 건포도』	관련기사 읽고 조별로 시 창작하기
13주차	『동물원 이야기』	「우리 시대의 역설」이라는 시의 뒷부분 연결하여 시 창작하기
14주차	5작품 중 하나 선택	동일시되는 등장인물의 입장에서 자유로운 형식의 글쓰기

필자는 희곡 작품에 관련하여 수업 중 활동을 계획할 때 텍스트에서 다루는 주제를 다른 각도에서 경험하고 생각할 수 있는 자료와의 연계를 가장 신경 썼다. 예로『태양 속의 건포도』의 경우, 인종차별과 계급차별을 전제로 한 거주지 이동이 소재인지라 한국의 주상복합형 아파트와 그 근처에 있는 빈민촌 간의 갈등 및

행정기관과의 이슈들을 다룬 여러 신문기사가 존재하여 수업시간에 활용하였다. 우선 학생들은 그 기사를 읽고 가장 와 닿는 단어를 개인당 3개씩 골라 조원들과 이야기 나눈다. 각 조마다 개별로 선택한 3개의 단어들을 조합하여(각 조마다 5명으로 구성되어 단어는 모두 15개가 된다) 한편의 시를 자유롭게 만들어보라고 제안하였다.

독서치료를 할 때 활용되는 텍스트에 대해 어도선은 "목적에 따라 독서치유가 다른 수준과 방법으로 적용되지만, 독서치료에 활용되는 텍스트는 문학, 비문학 자료 모두 독자와 텍스트 간의 '사적 교환'(private transaction)을 통해 텍스트의 내용이 독자의 내면에 충분히 개입하여 일시적이라도 독자의 내부 세계를 '대치'할 수 있도록 동일한 또는 유사한 소재, 주제, 사건을 담고 있는 도서가 권장된다(2012: 136-7)"고 말한다. 본 수업을 듣는 학생들의 내부 세계를 일일이 알지 못하는 상황에서 수업을 설계했던 지라 독자들의 내면을 "대치" 할만한 소재와 주제의 유사점을 고려하기 보다는 쉽게 공감할 수 있는 소재의 작품을 선정하였다. 이 부분에 대한 학생들의 반응은 수업 후 설문문항인 "작품의 이해도가 높아졌다"와 "동일시하는 등장인물이 있었다" 사이의 상관관계(r=.399로 유의수준 0.01내에서 상관관계가 있음)로 설명할 수 있겠다. 즉 학생들은 작품 속에서 자신과 동일시할 수 있는 등장인물을 찾았고 그로 인해 작품의 이해도가 높아졌다고 볼 수 있다.

3. 결과 분석

3개의 구체적인 연구 문제에 대한 결과 분석에 앞서 본 연구의 신뢰도 분석을 배경으로 제시하고자 한다. 신뢰도 분석은 4가지에 관해 실시했는데, 첫째, 희곡 작품의 이해도 및 관심도의 신뢰도, 둘째, 희곡 작품의 내 것화의 신뢰도, 셋째, 희곡 작품의 영향의 신뢰도, 넷째, 수업 중 활동 만족도의 신뢰도이다. 표 2를 살펴보면, 4가지 요인들 모두 크론바하 알파값이 0.6이상으로 나왔다. 일반적으로 크론바하 알파값이 0.6이상이면 신뢰도가 높다고 판단함으로 학생들의 설문지 응답에 대한 신뢰도는 높다고 볼 수 있다.

〈표 2〉 수업 후 설문지 신뢰성 검증결과

요인	문항수	Cronbach's α
희곡작품의 이해도 및 관심도	3(문항 1,2,6)	0.664
희곡작품 내 것화	4(문항 7,8,8,10)	0.658
희곡작품의 영향	4(문항 11-1,2,3,4)	0.890
수업 중 활동 만족도	4(문항 3,4,12,13)	0.729

학생들 응답에 대한 신뢰도를 배경으로 하여 설문문항 11번(와닿은 작품이 내게 미친 가장 큰 영향은 무엇인가?)의 빈도 분석을 살펴보았을 때, 학생들은 인간관계 고찰과, 자기 이해와 자

기 인식에 가장 영향을 받았다고 응답했다. 수업 목표를 학생들 스스로의 문학과의 만남과 탐색이라고 설정하고 그런 목표를 위한 희곡작품을 필자 나름대로 "개입"하여 선정한 것의 결과라 간주할 수도 있겠다. 하지만, 같은 텍스트를 가지고 독해 위주로 수업했던 전통적 방식의 교수법에서는 나타나지 않았던 학생들의 긍정적인 평가와 반응을 고려하고 글쓰기 활동과 작품의 영향과의 상관관계를 살펴본다면, 단순히 필자의 "개입"이나 "소음"에 의한 "예측된" 결과만은 아니라 본다.

〈표 3〉 작품의 영향분포도

11번 : 그 와 닮은 작품이 내게 미친 가장 큰 영향은 무엇인가? (중복선택 가능)	빈도(%)
자기 이해와 자기 인식	22(30.6)
가족 관계 고찰	17(23.6)
인간 관계 고찰	24(33.3)
자기 인생 설계	7(9.7))
기 타	2(2.8)
합 계	72(100.0)

다음은 연구문제에 대한 결과 분석이다. 본 연구는 문학교육 현장에 문학치료를 활용하였을 때의 효과 및 결과를 알아보는 취지를 가지고 있다. 이에 학생들의 읽기 측면(동일시와 거리두기)과 글쓰기 측면으로 나누어 설문문항 간의 상관관계를 가지고 특

정한 문학치료의 읽기 요소가 학생들에게 작품이해도 및 어떤 영향을 미쳤는지, 문학치료에서 활용하는 창의적 글쓰기 활동이 어떤 영향을 끼쳤는지, 그리고 읽기 요소와 글쓰기 활동의 상관관계는 어떠한지를 분석하고자 한다.

3.1 (읽기 측면) 학생들이 동일시하거나 거리두기를 할 수 있는 등장인물을 작품에서 읽어낼 때, 이는 작품 이해 및 학생들에게 어떤 긍정적인 영향을 미칠 것인가?

1970년대 독자반응 비평이 비평과 이론계에서 활발히 다뤄지기 전에는 신비평의 장악으로 텍스트 꼼꼼히 읽기(close reading)가 강조되어 왔다. 텍스트 꼼꼼히 읽기는 "텍스트의 구성요소들과 주제사이의 복잡한 관계를 면밀히 검증하는 독법"(타이슨, 2012: 307)이기에 신비평 이론가들은 "텍스트가 무엇을 의미"하며, "텍스트가 어떻게 그 의미를 생산하는지 가장 잘 설명하는 해석"(타이슨, 2012: 322)을 최고의 해석으로 간주하였다. 그리고 문학교육자들은 그 최고의 해석을 교육현장에서 가르쳐왔다. 하지만, 독자반응 비평이나, 해체론, 그리고 후기 구조주의가 나타나면서 저자의 죽음, 즉 저자의 절대적인 권위가 중요시되지 않게 되고, 텍스트는 그것을 읽어내는 독자들에 의해서만 존재하게 된다는 주장에 힘이 실리게 된다. 텍스트를 읽는 독자의 중요성이 인식되면서 독서 행위의 정치성에 대한 논의가 본격화된다. 원영선에 따르면 "독서(행위)는 그 나름의 긴 역사를 지닌 특수한 문화행위로서, 특정한 시간과 장소에서 일어나는 행위이자, 특정 독자와 책, 그리고 작가, 출판 시장, 문학적 관습 등, 다양한 경제, 문화적 요소들의 복잡한 상호작용에 의해 규정되는 구체적인 조건의 결과물"(2013: 271)이라고 독자의 독서행위를 정치화 한다. 그러면서 이러한 특정한 담론을 구체화한 읽기행위를 치료적 접근에서 활용한다는 것은 특정한 교육자의 "또 다른 제도화된 담론 안으로 [독자를] 끌어들이는 것"이므로 학생들의 읽기행위에 개입하는 필자의 문화, 정치적 담론 기제에 자의식과 성찰이 필요(원영선, 2013: 286)하다는 의견에 적극 동의한다.

문학작품 읽기를 통한 치료를 일시적 유행이 아니라 인간에게 주어진 "생존전략"(11)으로 보는 조셉 골드(Joseph Gold)는 "독자가 책을 읽는 동안 독서와 자기 자신과의 관계를 의식적으로 신경 쓰면 치료효과는 더욱 높아진다"(2002: 6)고 주장한다. 심지어 사람들은 어떤 책이 본인들에게 도움이 될지 모르고 책읽기를 시작하여도 독서하는 과정 속에서 결국에는 자신에게 필요한 무언가를 찾아낸다(2002: 237)고 골드는 지적한다. 다시 말해 "독서는 독자가 책 속의 스토리에서 자신과의 유사성을 발견하여 자신이 현재 보이는 형태를 다시 평가하게 함으로써 행태, 행동, 계획 등을 바꾸어 놓을 수 있다"(골드, 2002: 73). 골드가 독자가 독서행위 중 "자신과의 유사성을 발견"함을 핵심적인 요소로 둔 것처럼, 읽기행위를 치료의 목적으로 활용할 시 주되게 작동하는 기제는 바로 동일시와 거리두기라 할 수 있다.

골드의 저서 『비블리오테라피』에 영향을 받은 것 같은 조혜경은 독서치료에서 치유의 메커니즘의 작동원리를 다음과 같이 설명한다.

> [사람들]은 독서를 통해 어떠한 이미지를 떠올리고 세상과 관계하는 방식을 찾아 나가고 그들의 사고방식을 전환하기도 한다. 이러한 것들은 다양한 양상으로 나타나는데 그것이 바로 리프레이밍(reframing), 동일시(identification), 소산(abreaction), 유사성 등이다. 독서를 통해 [사람들]은 타인과의 소통을 지향하며 그들의 경험세계를 넓히기도 하지만 또 때로는 몽상가가 되어 현실로부터 도피하기도 한다. 즉 [사람들]의 독서는 세상과 소통하는 창인 동시에 세상으로부터 은닉하고자 하는 그들의 내면의 욕망을 실현시켜주는 행위이기에 이중적이다. (2012: 14)

반면, 어도선은 독서치료의 심리적 메커니즘을 "투입, 전이, 동일시"(2012: 137)라고도 보면서 "낯설게 하기(defamiliarization)나 탈감각화(desensitization)와 같은 심리적 경험을 통해 독자가 대타자와 갖고 있는 관계에 흠을 내거나 의심하게 하거나 극단적으로는 완전히 와해시키는 역할"(2012: 141)을 양질의 문학작품이 감당할 수 있다고 주장한다. 기본적으로 이 세 학자들 모두 독서치료에서 중요한 역할을 담당하는 기제로 동일시와 거리두기/낯설게 하기/리프레이밍을 언급한 것으로 보인다. 이에 본 연구에서는 학생들의 읽기행위에 있어 작품 속에서 본인들과 동일시하거나 거리두기가 가능한 등장인물이 있을 때 나타나는 영향들과의 상관관계를 분석하고자 한다.

우선 학생들은 필자가 선택하여 개입하게 된 작품 5개 중 본인과 동일시(설문문항 7번)하거나 거리를 두어 비판할 수 있는 등장인물이 있다(설문문항 9번)고 각각 85.4%와 78.1%로 응답했다. 다수의 학생들이 작품 속 인물들과 동일시와 거리두기가 되었다는 가정 하에 동일시한 인물이 있을 때 읽기행위는 자기 이해와 자기 인식, 가족 관계 고찰, 인간 관계 고찰, 그리고 자기 인생 설계 면에서 영향을 끼쳤다는 상관관계를 찾아볼 수 있었다.

〈표 4〉 문항 7번과 문항 11-1,2,3,4 와의 상관관계

7. 나와 동일시하는 등장인물이 있다.	상관계수	유의확률
11-1. 자기 이해와 자기 인식	.580	.000
11-2. 가족 관계 고찰	.589	.000
11-3. 인간 관계 고찰	.453	.003
11-4. 자기 인생 설계	.408	.008

표 4에서도 알 수 있듯이 자신과 동일시 할 수 있는 등장인물이 있을 때 읽기행위의 다양한 영향과의 상관관계는 유의수준 0.01 내에서 유의하다고 볼 수 있다. 어도선은 동일시라는 심리작용이 독서치료가 이루어지기 위해서 선행되어야 한다고 말하면서 "독자는 [등장인물이나 사건]과 '의미 있는 결합'을 발전시키게 되는데 이런 과정을 통해 독자는 자신의 내면에 '갇힌' 소외, 공격성,

좌절감과 같은 '감정'을 배출시킬 뿐 아니라 그러한 감정을 '언어로 표현'할 수 있게 되기 때문"(2012: 141)이라고 설명한다.

다음은 주관식 서술형 설문문항(13-1과 14-1)에서 동일시와 관련된 학생들의 응답 몇 가지를 찾아본 것이다. 학생들의 응답은 문학치료에서 기본으로 전제되어야하는 동일시라는 심리적 작용이 학생들에게 긍정적인 영향을 미쳤다는 사실과, 학생들의 기억에 남는 작품선정 시에도 자신과의 동일시나 유사성으로 인해 그 특정한 작품을 선택했음을 엿볼 수 있겠다.

- 주인공에게 공감가는 부분이 많아서 그렇습니다.
- 등장인물을 나와 동일시시켜 다시 생각해봄으로써 이해도를 높을 수 있었다.
- 작품을 보다 폭 넓게 이해 할 수 있어졌습니다. 또한 나와 인물의 모습을 대입하는 데에 많은 도움이 되었습니다
- 내 삶과 비슷한 것 같다고 생각했다.
- 나의 생활과 맞물려서 이런저런 생각을 하게끔 해주었다.
- '나'와 가장 닮은, 겉으로는 아니지만 내 속마음과 가장 닮은 것 같아서
- 부모님, 형제의 구도가 우리 가족과 유사해서
- 개인적으로 인간관계를 중요시 하는데 작품을 통해서 다시 한번 생각해 볼 수 있어서이다.

– 제일 공감 가능한 인간의 삶을 다룬 작품이라고 생각하기 때문

또한 동일시가 아닌, 비판을 할 수 있는 거리두기가 가능한 등장인물이 있을 때의 읽기행위를 분석해본 결과, 역시 학생들은 영향을 받은 것으로 보인다.

〈표 5〉 문항 9번과 문항 11-1,2,3,4 와의 상관관계

9. 내가 비판할 수 있는 등장인물이 있다	상관계수	유의확률
11-1. 자기 이해와 자기 인식	.467	.002
11-2. 가족 관계 고찰	.470	.002
11-3. 인간 관계 고찰	.430	.005
11-4. 자기 인생 설계	.387	.012

동일시한 등장인물과의 상관분석과 비교하면, 그 상관계수는 조금 떨어지지만, 여전히 문항 11-1,2,3번은 유의수준 0.01내에서 상관관계를 보여주었고, 문항 11-4는 유의수준 0.05내에서 상관관계가 있음을 알 수 있다.

어도선은 "낯설게 하기"라는 용어로 거리두기를 설명하고 있는데, 이런 읽기 경험은 "독자가 감정이입과 동일시에 기반하여 독자가 등장인물 또는 사건에 투사하고자 하는 무의식적 시도와 독자의 내부에서 일어나는 전이 현상에 틈을 내고 거부하는 역할을 하게 된다"(2012: 148). 쉽게 말하면 '내가 등장인물이라면 난 그

렇게 안할거야'라고 하거나, 익숙했던 상황이 갑자기 낯설어 지면서 무비판적으로 바라봤던 그 상황을 비판할 수 있게 되는 식의 비판적 거리두기를 의미한다. 본 사례 연구에서는 다음의 응답을 해준 학생들이 비판적 거리두기를 했다고 짐작해 볼 수 있다.

- 희곡작품의 재미를 알게 해주었고 작품 속의 인물의 마음과 입장을 이해하고 혹은 비판함으로써 '나'에 대해 잘 알 수 있는 기회를 가질 수 있었다.
- 글을 읽으면서 많은 부분에서 극 중 배우와 나를 비교하면서 생각해 보게 되었는데 어떤 이는 타인으로 인한 자살을 택하고 다시 약을 하고 하는 자신을 포기하는 비극적인 행동으로 끝을 내는데 이걸로 '나는 어떻게 했을까'라는 질문을 많이 해봤습니다. 나를 다시 생각해 보게 되었습니다.
- 내 입장이 아닌 인물의 입장에서 한번쯤은 설명해 볼 수 있다.
- 우리 가족 관계에 대해서 또는 나 자신에 대해서 공감이 가는 이야기들을 작품으로 읽다보니 나 자신, 또는 가족들을 한 발짝 물러서서 제 3자의 입장으로 보다 객관적인 시각으로 바라볼 수 있었던 것 같다. 생각의 깊이가 좀 더 깊어진 것 같다.

이처럼 등장인물과의 동일시와 감정이입의 단계에서 학생들은 거리두기를 하여 다른 입장의 상황을 상상해보고 그 작품을 이해하였던 것으로 나타났다. 동일시와 거리두기에 관련하여 학생들의 응답에서 찾아낸 것을 조금 더 논의해보자면, 설문 문항 14-1인 기억에 남는 작품 선정이유를 대다수의 학생들이 "공감"이라는 단어로 응답했다. 이 사실을 바탕으로 이번 연구 사례의 경우, 비판적 거리두기보다는 동일시의 기제에서 학생들은 문학치료의 긍정적인 영향을 더 받았다고 고려해 볼 수 있겠다.

3.2 (글쓰기 측면) 수업 중 활동들, 특히 글쓰기 활동이 학생들에게 어떤 긍정적인 영향을 미칠 것인가?

글쓰기를 수업도구로 활용한 필자의 개인적 동기는 커트 스펠마이어(Kurt Spellmeyer)가 이야기했듯이 인문학을 교육하는 학자로서 학생들에게 "그들이 대처하게 될 문제들과 일상적인 삶을 개선하기 위하여 요구되는 기술[창의적 태도]에 관심을 돌리"고 학생들을 인도하는 것이 아니라 "준비시키고 지원해 주는 것"(2008: 426-7)이라고 믿기 때문이다. 인문학의 고립과 위기는 "인간이 몸소 경험하는 의미보다 텍스트에 더 몰두"(2008: 209)했기 때문이라고 스펠마이어는 비판하고, 스탠리 아르노비츠(Stanley Aronowitz)는 "오늘날 학교는 더 이상 시민을 형성하지 못하고 오로지 '현대 사회에 산업적 그리고 기술적으로 긴요한' 노동자 주체만을 양산한다"(김영훈, 2014: 84 재인용)며 대학의 본연의 기능 상실을 지적하면서 동시에 그렇기 때문에 인문학이 이 시대에 중요한 역할을 감당해야한다고 주장한다. 김경집도 언급했듯이 필자 또한 우리나라 교육의 고질병을 "텍스트

추종"(2013: 627)으로 보고 학생들에게 텍스트의 권위를 깨뜨리면서 본인들 스스로에게 텍스트 읽기에 대한 권위를 부여할 수 있는 준비와 실험의 장이 될 수 있게 수업활동들을 설계하였다. 하지만, 그동안 수업시간을 자유롭고 안전한 환경으로 만들려고 교육자가 노력해도 대부분의 학생들은 자신들의 의견을 피력하길 두려워해왔다.

이에 이번 사례연구에서는 다양한 형태의 창의적 글쓰기 활동을 희곡 읽기와 접목시켜 실행해 보았다. 글쓰기 활동은 자기만의 안전한 공간이 될 수 있었던 터라, 학생들 모두가 희곡작품을 나름대로 읽고 해석하는 "민주주의적인" 행위를 할 수 있을 거라 믿었다. 여기서 민주주의라 함은 스펠마이어가 밝힌 것처럼 "어떤 특별한 대답을 찾는 것이 아니라 우리가 풀어야 할 질문에 모두가 참여한다는"(2008: 378) 것을 의미한다. 변학수는 문학치료에서 "텍스트가 참여자에게 주는 의미가 중요"하며 능동적인 글쓰기를 통해 "스스로의 상징을 창조"하기 때문에 독서치료보다는 "적극적인 의미의 글쓰기 치료가 더 유용"(2006: 19)하다고 한다.

이번 학기 수업시간에는 『우리 읍내』를 읽고 10년 뒤 자신에게 편지쓰기, 『태양 속의 건포도』는 관련 신문기사 읽고 조별로 시 창작하기, 『동물원 이야기』는 현재 인터넷에 진행형으로 쓰여지고 있는 「우리시대의 역설」이라는 시에 다음 연(stanza)을 만들어 보기, 마지막으로 한 학기 동안 읽었던 작품 중 자신과 동일시되는 등장인물의 입장에서 자유로운 형태의 글쓰기로 수업활동을 구성해보았다. 10년 뒤 자신에게 편지쓰기는 활동 후 타임캡슐에 넣어 필자의 연구실에 보관하고 비밀로 부치기로 해서 본 연구 자료로 사용할 수 없지만, 셰퍼드 코미나스(Sheppard Kominars)는 책『치유의 글쓰기』에서『우리 읍내』작품을 여러 차례 언급하면서 유언 편지쓰기의 장점을 설명하고 있다. "자기 삶을 진지한 눈으로 바라보며 시간의 길 위에 남겨놓은 자신의 발자국을 긍정하는 것이 치유의 지름길임을, 당신은 유언 편지를 쓰면서 깨닫게 될 것"(2007: 180)이며 "유언 편지를 씀으로써 자기 자신의 삶을 점검하게 하는 기회를 가져다준다"(코미나스, 2007: 192). 20대의 젊은 학생들에게 유언 편지를 쓰라고 하면 진지함보다 희극적 소설을 쓸 가능성이 많기에 조금 더 현실적일 수 있는 10년 뒤의 자신에게 편지쓰기로 필자는 바꿔보았다.

한편, 조별 시 창작활동과 동일시되는 등장인물의 입장에서 자유로운 형태의 글쓰기는 학생들의 동의하에 활용하겠다.

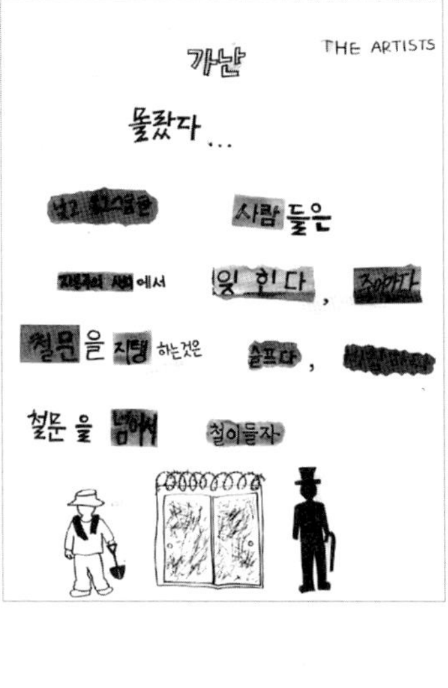

시 장르는 적은 수의 단어를 가지고 감정 상태를 응축적으로 표현하는데 효과적이다. 학생 자신들이 선택한 3개의 단어가 다른 조원들의 단어들과 조합되어 의미를 만드는 과정자체가 창작이다. 이럴 때 학생들은 마침표, 쉼표, 줄임표 등등의 부호에 대한 신중함도 묻어나오고 자신들의 단어가 한편의 시로 완성되어졌을 때의 희열감도 넘쳐났다. 필자가 이야기하지 않았는데도, 그림까지 그리는 조들이 있었고 이 시를 교실의 어느 부분에 설치하여 읽으면 더 잘 읽혀질까하는 공연효과까지 고려하는 조들도 있었다. 다음은 세 학생의 신문기사 가지고 조별 시 창작하기에 대한 경험을 설문지 맨 마지막 문항이였던 “하고 싶은 말 있으면 자유롭게 기술하시오”에 기입한 내용이다.

- 연극을 하는 활동도 좋을 것 같다. 희곡 작품에 대한 이해도는 훨씬 높아지지 않을까 생각된다. 하지만 신문 기사로 시를 쓴 활동은 무엇보다 값진 경험이다. 희곡 작품 뿐 아니라 잊고 살았던, 살아가는데 훨씬 더 중요한 것을 깨닫게 되었으니 말이다. 살아가면서 왜 문학작품을 읽어야 하는지 다시 깨달았다.

- 저는 뉴스를 보면서 조별 활동한 게 가장 기억에 남습니다. 인문대학에서 문학을 너무 내재적 관점으로 분석하는 것이 조금 별로인 것 같습니다. 그래서 뉴스, 시대적 상황을 좀 많이 알려주시면 학생들의 이해도 높아질 것 같습니다.

- 팀으로 하는 활동들도 지금까지 4년 동안 조원들과의 불화나,

역할의 분배가 치중되는 것 등으로 꺼려지기 마련이었는데 초등학생 때처럼 색도화지로 다 같이 종이 한 장에 무언가를 만들어내는 등의 활동을 하며 정말 재밌고, 지금까지 팀워크에 대한 제 생각이 조금은 바뀌게 된 것 같습니다.

필자는 학생들이 문학작품을 읽고 자신의 삶과 연계하여 사고를 확장하며 이를 통해 자아 강화 및 계발에 도움 되기를 바라는 개입 목적이 있었는데, 비록 몇 학생들의 내용이지만 학생들이 필자의 개입 목적에 긍정적으로 반응해줬음을 인식할 수 있는 증거였다.

동일시되는 등장인물의 입장에서 자유로운 형태의 글쓰기 활동은 필자가 생각했던 것 이상의 반응으로 돌아왔다. 학생들의 개인적인 이야기가 담겨 있기 때문에 캡처한 이미지를 올릴 수는 없어 각기 다른 작품에 대한 학생들의 글쓰기를 학생들의 동의하에 필자가 선별하여 공유한다.

– 긴 여정이었다. […] 그런데 어느 순간, 너무도 갑자기 그 여정의 끝이 보이기 시작했다. 내가 원망과 증오라는 감정 대신에 측은과 이해가 생겼을 때, 혹은 내가 그 상 황 이 었 다 면 어떻게 했을텐데라는 명확한 답이 보이지 않았을 때, 너무도 힘들었던 여정과는 사뭇 다르게 너무도 쉽고 자연스럽게 그 여정의 끝에 도달했다. Jamie를 보며 느꼈다. 자식으로선 그 부모의 마음을 온전히 이해할 수 없는 듯 하다. […] 하지만

감히 부모가 되어본 적도 없는 내가 아버지의 마음을 이해하고자 한다. 그 여정 속에서 얻은 건, 그를 이해할 수 있게 된 것이다. 그 무책임한 행동들이 너무나도 밉지만, 이제 아버지를 미워하지는 않는다. 결국 내 아버지인 것은 그 긴 여정에서도 변하지 않았기 때문이다. [...] 아직 나의 여정이 끝났다고 하기엔 마음의 짐이 너무 많지만, 하나, 둘 내려놓다보니 한결 가벼워졌다. 이 정도의 짐은 가지고 갈만 하겠다. 진작 짐을 내려놓았더라면 하는 생각이 든다.

–「내 말을 들어줬으면 좋겠다.」

시신 세 구에 숨이 막혀
말을 할 수조차 없었다./
나는,
나는 죽도록 내 존재를 알리고 싶다./
하루에도 수십번
한심한 눈초리들의 가시밭길을 지나/
누가 한 번쯤은,
나를, 내 말을 들어줬으면 좋겠다./
그 모습이 참으로
우스꽝스러움에도./
그럼에도,
하숙집 개가 알려준 내 밑바닥의 모든 것을./
숨을 참고 끄집어내어서,

내 말을,

제발 좀 들어주길.

– Lena 아주머니께

[...] 그렇게 십년... 십년 넘게, 저는 제가 여태껏 살아온 인생의 반 이상을 어두운 감정 속에서 살아왔어요. [...] 그런데 2015년 2학기 ○○○교수님 수업을 듣고 아줌마의 삶을, 가정사를 알게 되었죠. 아주머니의 아들 Walter를 보며 어찌나 저희 ○○같던지. 저도 Beneatha처럼 Walter를 미워하며 속으로 '으이구, 정말 답답이, 멍청한 인간'이라고 생각하던 중에 아주머니께서 하신 말에 저는 무언가 얻어맞은 듯, 진짜 뒤통수 맞은 듯한 기분으로 잠시 멍하니 있었어요. "누군가를 가장 사랑해야 될 때가 언제라고 생각하니? 그 사람이 가장 낮은 곳에 있고 세상에서 채찍을 맞을 때란다. 오늘 그가 이 자리에 있기까지 무슨 일을 겪어왔는지 생각해보았니?"라고 말하셨을 때 저는 눈물이 왈칵 쏟아졌어요. 아무도 제게 가르쳐주지 않은 가족의 소중한 의미를 제 인생 처음으로 아줌마에게서 들은 거에요. [...] 아주머니, 정말 감사해요. 아주머니의 값진 지혜가 담겨있는 말 한마디가 저를 180도 다르게 만들었어요. 저도 누군가에게 이런 선한 영향력을 끼칠 수 있는 사람이 되기를 꿈꾸며, 노력하며 살아가려해요.

-「Our Time」

언제 끝날지 모르는 일상 속에
수많은 인연, 사람 스쳐간다./
요정처럼 뛰어다니던 육체는
백년만년 요정처럼 살 수 없다./
슬픔은 산자만의 전유물이며
죽은 자는 그들을 관조할 뿐이다./
앞만 보고 살아온 인생 속에
진정한 자신의 삶 의미 모른다./
100년도 안되는 이 시간 속에
많은 사람들의 희로애락은 계속된다.

첫 번째 에세이는 오닐의 『밤으로의 긴 여로』, 두 번째 시는 올비의 『동물원 이야기』, 세 번째 편지글은 한스베리의 『태양 속의 건포도』, 마지막 시는 와일더의 『우리 읍내』와 관련이 있다. 위의 학생들은 자신이 가장 공감하는 등장인물을 작품 속에서 만났으며 자유롭게 문학 장르를 택해 글쓰기를 한 것이다. 학생들의 진솔한 글쓰기를 접하고 필자가 전문적인 문학치료사였더라면, 더 효과적으로 수업을 진행하면서 학생들의 마음을 보듬어줄 수 있지 않았을까하는 미안함이 생겼다. 또한 이 소중한 자료를 문학치료의 다른 기제들을 사용하여 분석하지 못함이 아쉬움으로 남는다. 본래 목적이 이 학생들의 심리치료 및 상담이 아니었기에, 이 자료는 문학작품 읽기에 창의적 글쓰기를 접목시켰을 때의 긍정적인 결과물로 제시하는 것으로만 사용하겠다. 기대이상으로 성실하게 반응해준 학생들의 창의적 글쓰기 결과를 통해 필자 또한 문학교육 방법론에 대한 더 많은 연구가 필요함을 절감했다.

기본적으로 학생들은 다양한 글쓰기 활동에 대해 긍정적인 반응을 보여주었다. 설문문항 12번인 글쓰기 활동 난이도에 대한 질문에 41명 중 3명의 학생을 제외하고는 다들 수월했다(92.7%)고 응답했고, 글쓰기 활동이 학생들에게 도움이 되었는지에 대한 질문에도 1명을 제외하고는 도움되었다(97.6%)고 응답을 했다.

표 6은 글쓰기 활동이 나에게 도움이 되었다라는 설문문항 13번과 배운 작품들의 영향간의 상관관계를 분석한 것이며, 모든 문항이 유의수준 0.05내에서 상관관계가 있다고 나왔다. 즉 글쓰기 활동을 통해 학생들은 자기 이해와 자기 인식, 가족과 인간 관계 고찰, 자기 인생 설계에 도움이 되었다고 해석해 볼 수 있다.

〈표 6〉 문항 13번과 문항 11-1,2,3,4 와의 상관관계

13. 글쓰기 활동이 나에게 도움되었다.	상관계수	유의확률
11-1. 자기 이해와 자기 인식	.392	.012
11-2. 가족 관계 고찰	.320	.041
11-3. 인간 관계 고찰	.325	.038
11-4. 자기 인생 설계	.380	.014

또한 설문문항 13-1. 어떤 점에서 글쓰기가 도움이 되었는가라는 자유서술형의 질문에 대해 다음과 같이 학생들은 응답해 주었다.

- 자기 생각을 표현하고 그것을 글로 써보는 것이 매우 중요하다고 생각한다. 하지만 어느 수업에서도 글쓰기 활동을 해 본 적이 없어서 나의 생각이 아닌 주어진 답을 외우기만 해왔다. 미드라마 수업에서 글쓰기 활동을 하면서 진짜 나만의 생각을 해볼 수 있었다.

- 대학에서 '나'에 대한 생각을 할 수 있는 수업은 거의 없다. 하지만 이번에 글쓰기는 나에 초점을 맞추어서 좋았다.

- 수업을 전반적으로 이해하는 글을 쓸 수 있게 되었고 글을 통해 내 생각을 드러낼 수 있게 되었다.

- 글을 쓰는 것을 좋아하지 않았는데 수업과 관련되고 흥미있는 주제로 글을 쓰니 글쓰는 것에 조금은 재미가 생겼다. 그리고 수업에 대한 이해도도 좋아졌다.

- 글쓰는 데에 전문성이 필요한 것이 아니어서 마음이 가벼웠고 수업 중 본문 읽는 등의 조금 지루한 공부를 하다가 생기는 흥미로운 활동이어서 수업이 더 재미있었다.

루이스 드살보(Louise DeSalvo)는 "창조적인 일에 관여한다는 것은 인간의 어떤 다른 노력과 수고보다 더 우리를 자주적으로 만들어 줄 수 있으며, 또한 우리에게 타인과의 상호연계성을 찾아볼 수 있는 기회를 제공할 수 있다"(2000: 109)고 말한다. '나'와 '내 생각'이라는 단어를 사용한 학생들의 응답을 살펴볼 때 필자의 개입 때문이기도 하겠지만, 문학작품 읽기와 창의적인 글쓰기를 통한 자아성장과 탐색이라는 문학치료의 목표가 어느 정도 이루어졌다고 볼 수 있다. 또한 이런 활동들을 통해 작품의 이해도와 수업 흥미도가 향상되었다고 유추할 수 있다.

3.3 (읽기와 글쓰기의 상관관계) 희곡 작품 내에 학생들과 동일시되거나, 혹은 거리를 두어 비판할 수 있는 등장인물이 있을 때 그 요인이 학생들의 글쓰기 활동에 도움이 될 것인가?

동일시와 거리두기를 사용하여 문학작품을 읽은 학생들의 창의적 글쓰기는 어떠할까? 다르게 표현하자면, 작품에 대한 창의적 글쓰기를 할 때, 동일시나 거리두기가 가능한 등장인물이 있다면 더 수월하고 효과적으로 글쓰기를 할 수 있을지가 필자의 연구문제였다. 설문문항 13번 글쓰기 활동이 나에게 도움이 되었다와 동일시 또는 비판할 수 있는 인물에 대한 문항간의 상관분석 결과가 표 7이다. 두 문항간의 상관계수는 r=.360와 r=.488로 각각 유의수준 0.05와 유의수준 0.01내에서 상관관계가 있다고 할 수 있다. 즉 학생들은 동일시나 거리두기가 가능한 등장인물이 작품에 있을 때, 본인들의 창의적 글쓰기에 도움이 된 것으로 간주할 수 있겠다.

〈표 6〉 문항 13번과 문항 11-1,2,3,4 와의 상관관계

13. 글쓰기 활동이 나에게 도움되었다.	상관계수	유의확률
7. 동일시되는 인물있다.	.360	.021
9. 비판할 수 있는 인물있다.	.488	.001

다음의 학생들의 자유로운 응답은 읽기와 글쓰기 간의 상관관계를 구체적으로 드러내는지는 않지만, 동일시나 거리두기를 하면서 읽게 된 작품에 관해 학생들이 창의적 글쓰기를 실행했을 때의 활동 만족도 및 작품 이해도에 끼친 영향은 충분히 읽어낼 수 있다.

- 일반적으로 영문학도이지만 원서로 된 희곡작품을 개인적으로 읽는다는 게 쉬운 일이 아닌데 수업시간에 한 글쓰기 활동으로 내가 작품으로 읽을 때의 관점과는 또 다른 시선으로 작품에 다가갈 수 있었습니다.

- 아무래도 언어간의 차이가 있다보니 작품을 머리로는 이해해도 마음으로 이해하기에는 조금 어려웠는데 다양한 활동들을 통해 와닿게 하는 계기가 된 것 같습니다.

- 작품에 대해 다시 생각해보는 기회가 된다. 활동에 글쓰기가 있으니까 어쩔 수 없이라도 작품을 한번 더 보고 생각해야 된다. 그 과정에서 작품에 대한 이해도가 높아지는 것 같다.

– 그냥 이 문장이 이러이러한 문장이다라고 설명하던 딱딱한 수업이 아니라 그 등장인물에 좀 더 다가가고, 이해하는데 정말 많은 도움이 되었다.

– 한 학기 동안 미국 희곡이라는 것을 처음 배워보면서 무척 흥미 있게 읽어볼 수 있었어요. 그냥 연극으로 보는 것보다 대본으로 여러 의미를 생각해보고, 그에 따른 조별 활동을 하면서 작품을 단순히 보고 읽는 것에 그치는 것이 아니라 발전시켜 또 다른 작품을 재창조해 낼 수 있다는 것을 깨달았습니다.

– '다시 한 번 더 듣고 싶은 과목'을 정하라면 이 수업을 또 듣고 싶을 만큼 재미있고, 느낄 수 있는 것들이 많은 수업이었습니다. 특히 정말로 모두가 참여하는 수업이 좋았습니다. 평소 자신이 없어 수업에 참여를 못하는 성격과 위치인데, 같이 참여하면서 수업을 이끌어주셔서 더 빨리 이해가 되고 더 많은 흥미를 느꼈습니다.

– 다른 수업과는 달리 작품마다 하나의 활동을 했기에 더 기억에 남고 이해하기 쉬웠다.

– 정말로 희곡은 재밌습니다. 읽기 전엔 막막했는데 막상 읽기 시작하면 인물들이 나누는 대화에 빠져들고, 공감하고 이해하다보면 금새 다 읽게 됩니다.

– 다른 수업들 경우 시험을 위해서 배우는 느낌이 강하다면 미드라마[수업]는 정말 작품을 이해하기 위해 수업을 하는 느낌

이 들었습니다. 그래서 매 수업시간마다 부담이 적고 적극적으로 참여 할 수 있습니다. 아마도 수업 중 활동 때문에 그런 것 같습니다.

텍스트에 대한 "권위 있는" 누군가의 해석에 집중하는 문학수업에서 벗어나 학생들에게 의미 창출하기의 권위를 돌려주고 작품 내의 등장인물에 대해 공감하고 비판할 수 있는 기회를 마련해 주었을 때, 학생들의 작품 이해도와 수업 만족도는 향상될 수밖에 없었다. 특별히 자아 성장과 자아 계발이라는 목표를 가진 발달적 차원의 문학치료를 문학교수법으로 활용했을 때, 필자가 예상했던 것 이상으로 학생들은 자아 성찰 및 자신과 주변과의 연계성을 고찰함으로써 민주 시민의 중요한 역량을 키워가고 있음을 살펴볼 수 있었다.

4. 결론 및 제언

사이드는 기술문명의 혁신적 발달과 인간다움이란 무엇인가라는 고민 중에 있는 21세기 현대인들에게 인문학의 중요성을 다시금 인식하게 한다.

> 인문주의는 "우리"가 이미 알고 느끼는 것을 다시 확인해 공고히 하는 방식이 아니라, 우리에게 상품화된 형태로, 이미 만들어져 논쟁의 여지없이 무비판적으로 코드화된 확실성과 같은 것으로 제시된 것들—여기에는 "고전"이라는 제목을 달고 모여 있는 걸작들도 포함되어 있습니다—에 대해 질문하고 그것들에 소란을 일으키고 재정식화하는 방식입니다. (Said, 2012: 28)

사이드가 말하는 인문주의를 영문학 교육현장에서 학생들에게 훈련시킴으로써 이들을 민주시민으로 성장시키는 데 도움이 될 수 있을까하는 의문점을 가지고 필자가 도입하여 활용한 교수법이 바로 문학치료였다. 문학치료는 "문학적 창의성과 자발성을 바탕으로 문학적 텍스트가 치료에 응용되는 것"(변학수, 2006: 17)이며 이는 책읽기와 능동적인 글쓰기가 결합되어 참여자/학생이 "스스로를 살필 수 있는 문학이라는 거울을 통해, 대화의 상대가 되며, 스스로 치유할 힘을 얻도록 도와주는"(변학수, 2006: 21) 목적을 가지고 있다.

본 사례연구에서는 "스스로를 살필 수 있는 문학이라는 거울"

을 동일시와 비판적 거리두기라는 문학치료의 치유 메커니즘을 통해 필자가 선정한 희곡작품들을 읽게 하면서 각 작품의 주제나 소재와 유사한 수업활동을 진행하였다. 수업활동은 대부분 글쓰기 활동으로 이 활동의 목적은 희곡작품의 독자였던 학생들이 자신만의 작품해석을 재상징화하여 표현할 수 있는 계기를 마련하기 위함이였다.

연구 질문 1이였던 동일시와 비판적 거리두기가 어떤 긍정적인 효과를 학생들에게 주었는지는 그 상관관계가 유의하게 도출됨으로써, 자기 이해 및 자기 인식, 가족과 인간관계 고찰, 그리고 자기 인생 설계에 도움이 되었다고 판단할 수 있었다. 연구 질문 2는 문학치료의 창의적 글쓰기가 학생들에게 어떤 긍정적인 영향을 미칠 것인 가였는데, 연구 질문 1의 결과와 마찬가지로 자기 이해 및 자기 인식, 가족과 인간관계 고찰, 자기 인생 설계에 글쓰기가 도움이 되었음을 확인할 수 있었다. 마지막 연구 질문인 문학치료의 치유 메커니즘인 동일시와 비판적 거리두기를 통한 읽기와 창의적 글쓰기와의 상관관계는 모두 유의하게 나왔다. 위의 결과를 바탕으로 필자는 유일한 독법과 해석만을 중요하게 가르쳐왔던 문학수업을 비판적으로 성찰할 수 있었으며, 문학치료 방법론은 일반적으로 건강해 보이는 학생들에게 문학을 통한 자아 계발과 자아 성장 그리고 타인과의 연계성을 살펴볼 수 있는 단초를 제공하였다. 학생들의 심리치료나 상담이 수업목표가 아니었고 문학치료의 전문가적인 지식이 많지 않았지만 몇 가지의 문학치료의 치유 메커니즘을 활용하여 학생들의 작품 읽기를 독려하고 작품의 주제나 소재와 유사한 글쓰기 활동을 실행한 결과, 수업 만족도와 작품 이해도 또한 향상되었다. 학문의 상아탑, 철옹성에 갇혀있던 인문학, 좁혀서는 영문학이 "현재의 세상과 삶에 대해 깨어있어야"(2013: 624)하며 사람들에게 "밥"이 되어야 한다는 김경집의 주장이 절실하게 느껴지며 학생들에게 더 좋은 밥, 더 맛난 밥을 지어주기 위해 영문학 교육자로서 필자는 문학치료 방법론을 더 연구하여 문학수업에 다양하게 활용하고자 한다.

■ 이 글은 필자의 논문 「영문학과 문학치료가 만나다: 텍스트 중심에서 독자 중심으로」(『영어영문학 연구』 58.2 (2016): 163-89)를 수정 · 보완한 것이다.

■ 참고문헌 ■

강서정. 「소집단 활동을 활용한 통합적 영문학 수업 모델」. 『영미문 학교육』 15.2 (2011): 5-33.

골드, 조셉. 이종인 역. 『비블리오테라피: 독서치료, 책속에서 만나는 마음치유법』. 북키앙, 2002.

김경집. 『인문학은 밥이다: 매일 힘이 되는 진짜 공부』. RHK, 2013.

김영훈. 「한국 대학에서 영문학교육의 해체와 그 해체의 (불)가능성」. 『영미문학교육』 18.1 (2014): 83-106.

변학수. 『문학치료: 자발적 책읽기와 창의적 글쓰기를 통한 마음의 치유』. 학지사, 2007.

______. 『통합적 문학치료』. 학지사, 2006.

사이드, 에드워드. 김정하(역). 『저항의 인문학: 인문주의와 민주적 비판』. 마티, 2012.

신주철. 「시치료의 가능성 탐색을 위한 시론」. 『세계문학비교연구』 14 (2006): 47-68.

스펠마이어, 커트. 정연희(역). 『인문학의 즐거움: 21세기 인문학의 재창조를 위하여』. Human & Books, 2008.

어도선. 「융합시대의 영문학의 역할: 독서치료를 통한 영어 학습부진아 교육과 치유」. 『영미문학교육』 16.2 (2012): 129-61.

원영선. 「문학치료와 영문학 연구: 독서(행위)의 영향에 대한 소고」. 『문학치료연구』 29 (2013): 265-95.

유건상. 「시치료의 시각으로 본 A. H. H.를 추모하며」. 『영어영문학연구』 50.3 (2008): 155-75.

조혜경. 『도스또옙스끼 소설에 나타난 리터러시와 비블리오테라피: 주인공들의 독서, 글쓰기, 치유를 중심으로』. 씨네스트, 2012.

코미나스, 셰퍼드. 임옥희 (역). 『치유의 글쓰기』. 홍익출판사, 2007.

타이슨, 로이스. 윤동구 (역). 『비평이론의 모든 것』. 앨피, 2012.

Brantlinger, Patrick. "Who Killed Shakespeare? An Apologia for English Departments." *College English* 61.6 (1999): 681-90.

Choo, Suzanne S. *Reading the World, the Globe, and the Cosmos: Approaches to Teaching Literature for the Twenty-First Century*. New York: Peter Lang, 2013.

DeSalvo, Louise. *Writing as a Way of Healing: How Telling Our Stories Transforms Our Lives*. Boston: Beacon, 2000.

Miller, Thomas P. and Brian Jackson. "What are English Majors for?" *College Composition and Communication* 58.4 (2007): 682–708.

Peters, Michael A. "The University and the New Humanities: Professing with Derrida." *Arts and Humanities in Higher Education* 3.1 (2004): 41–57.

Said, Edward W. *Humanism & Democratic Criticism.* New York: Columbia UP, 2003.

■ 부록 1 ■

수업 전 설문지

1. 나의 드라마에 대한 관심도는?

1) 전혀 없다 2) 조금 없다 3) 보통이다
4) 조금 있다 5) 정말 많다

2. 현재 내가 알고 있는 희곡 작품은? (몇 개)

1) 0 2) 1-2 3) 5개 이하
4) 6-10 5) 10개 이상

3. 내가 알고 있는 극작가는? (몇 명)

1)0 2) 1-2 3) 5명 이하
4) 6-10 5) 10명 이상

4. 이 수업을 택한 이유는?

1) 신청하고 싶은 수업에 실패해서 2) 교수님이 좋아서
3) 연극 만들기가 좋아서 4) 희곡작품읽기가 좋아서
5) 이유 없음

5. 나는 담당교수님과의 친밀도가 있는 편이다.

1) 그러하다. 2) 보통이다. 3) 거의 없다. 4) 전혀 없다.

6. 수업 시간에 다루게 될 작품 중 아는 작품은? (아는 대로 표시)

1) Trifles　2) Los Vendidos　3) Raisin in the Sun
4) The Zoo Story　5) Long day's Journey into Night
6) Our Town

7. 앞으로 다룰 주제 중에 관심있는 것을 순차적으로 표시하라.

1) 엄만, 남동생만 사랑해. 이 모든 불행/비극은 다 너에게서 시작된 거야 – 부모와 자식관계, 형제관계
2) 내 피부 색깔이 다르다고 감정이나 지혜가 없는 건 아니라구 – 인종차별
3) 나도 내 목소리를 가졌다구 – 가정 내에서의 남자와 여자의 역할
4) 결국 너와 난 똑같이 이 세상을 살다가 떠날 운명이야 – 보편적인 우리 인간의 삶
5) 넌 나와 상관없는 사람이잖아 – 인간소외
6) 왜 우릴 싫어하는 거지? 가난해서? 배운 게 없어서? – 사회계층간의 갈등

8. 나는 하루에 인터넷(카스, 페북, 트위터)에 실린 글을 읽거나 쓴다.

1) 없음　2) 1–2회　3) 3–5회　4) 셀 수 없이 자주

9. 휴대폰 문자 메시지/카톡/채팅에 난 중독되어 있는 것 같다.

1) 아니다. 2) 하루에 10회 이상 보는 건 중독도 아니다.
3) 셀 수 없다. 그냥 삶이다. 4) 셀 수 없다. 문제인 것 같긴 하다.

10. 난 책 읽기를 좋아한다. (인터넷도 포함)

1) 그렇다. 2) 아니다. 3) 이도 저도 아닌 듯

11. 나는 글쓰기를 좋아한다. (인터넷도 포함)

1) 그렇다. 2) 아니다. 3) 별 생각없다.

12. 내가 미디어 리터러시(카톡, 카스, 페북, 트위터 등)를 하는 이유는?

1) 타인들과의 소통 2) 자기 만족(내 일상 기록)
3) 특별한 목적 없이 4) 시간 때우기

13. 나는 얼마나 자주 나에 대한 생각을 하는가?

1) 거의 생각하지 않는다. 2) 글쎄, 한 달에 한 번 정도는
3) 일주일에 한 번 4) 자주 생각하는 편이다.

14. 나는 얼마나 자주 내 존재의미에 대해서 생각하는가?

1) 거의 생각하지 않는다. 2) 글쎄, 한 달에 한 번 정도는
3) 일주일에 한 번 4) 자주 생각하는 편이다.

■ 부록 2 ■

수업 후 설문지

번호	내용	절대 아니다	조금 아니다	보통 이다	조금 그렇다	매우 그렇다
1	이 수업을 통해 희곡작품에 대한 관심도가 높아졌다.	1	2	3	4	5
2	이 수업을 통해 희곡작품에 대한 이해도가 높아졌다.	1	2	3	4	5
3	수업 중 활동들에 대해 전반적으로 만족한다.	1	2	3	4	5
4	수업 중 활동들은 희곡 작품과 연관 있다.	1	2	3	4	5
5	희곡 작품 읽기의 난이도는 수월했다.	1	2	3	4	5
6	희곡 작품 이해의 난이도는 수월했다.	1	2	3	4	5
7	배운 작품 중에서 나와 동일시하는 등장인물이 있다.	1	2	3	4	5
8	배운 작품 중에 우리 가족이 떠오르는 작품이 있다.	1	2	3	4	5
9	배운 작품 중에 나와 유사는 하지만, 내가 비판할 수 있는 등장인물이 있다.	1	2	3	4	5
10	특별히 가슴에 와 닿은 작품이 있었다.	1	2	3	4	5
11	그 와 닿은 작품이 내게 미친 가장 큰 영향은 무엇인가? (중복선택 가능) 1. 자기이해와 자기인식 2. 가족관계 고찰 3. 인간관계 고찰 4. 자기 인생 설계					
11-1	배운 작품들이 자기이해와 자기인식에 영향을 미쳤다.	1	2	3	4	5

번호	내용	절대 아니다	조금 아니다	보통 이다	조금 그렇다	매우 그렇다
11-2	배운 작품들이 가족관계 고찰에 영향을 미쳤다.	1	2	3	4	5
11-3	배운 작품들이 인간관계 고찰에 영향을 미쳤다.	1	2	3	4	5
11-4	배운 작품들이 자기 인생설계에 영향을 미쳤다.	1	2	3	4	5
12	수업시간에 글쓰기 활동(10년 뒤 편지쓰기, 기사 읽고 시 만들기, 동일시되는 등장인물의 입장에서 글쓰기)이 많았는데, 특히 글쓰기 활동의 난이도는 수월했다.	1	2	3	4	5
13	이러한 글쓰기 활동이 나에게 도움이 되었다.	1	2	3	4	5
13-1	어떤 점에서 도움이 되었는가?					
14	다음은 수업시간에 배운 희곡 작품입니다. 자신에게 가장 기억에 남는 작품부터 순서를 매겨보세요. ( ) Trifles ( ) Our Town ( ) Long Day's Journey into Night ( ) Raisin in the Sun ( ) Zoo Story					

번호	내용	절대 아니다	조금 아니다	보통 이다	조금 그렇다	매우 그렇다
14-1	위의 답변에서 '1위'로 선정한 작품이 가장 기억에 남는 이유는 무엇입니까?					
15	나는 ______학년, 성별은?	1	2	3	4	남/여

제3부 삶의 질 향상을 위한 **인문치료**

뇌졸중 노인환자의 삶의 질 향상을 위한 인문치료 | **유건상**

재소자의 소시오드라마 경험을 통한 '부끄러움'의 내용 분석 | **윤일수**

뇌졸중 노인환자의 삶의 질 향상을 위한 인문치료

유 건 상

1. 들어가며

그리스 신화에서 새벽의 여신 에오스(Eos)는 제우스(Zeus)에게 그녀가 사랑하는 인간 티토누스(Tithonus)에게 영원한 생명을 달라고 간구하였다. 제우스는 티토누스에게 영생을 주었고, 두 연인은 행복하게 살았지만 그 행복은 오래가지 못했다. 에오스가 제우스에게 영원한 생명과 더불어 영원한 젊음을 달라고 부탁하는 것을 잊었기에, 티토누스가 늙기 시작했고 거동을 할 수 없을 정도로 병약하게 되었기 때문이다. 이 신화의 인물들처럼 인간은 행복하게 오래 살고 싶어 하지만, 전제 조건은 아마도 "가치 있고 건강하게" 오래 사는 것일 것이다.

우리나라는 의료기술의 발달과 출생률의 감소로 인해 평균수명이 증가하면서, 2015년에 65세 이상의 고령인구가 13.2%에

달했다. 2017년에는 고령 인구가 14%가 되는 고령사회에 진입할 것으로 보인다. 그러나 수명의 증가는 '질병과의 싸움'과 불가분의 관계에 있다. 수명은 늘어 가지만 노년의 삶의 질을 떨어뜨리는 질병들로 인해 대부분의 노인들은 고통 받고 있기 때문이다. 우리나라 65세 이상의 노인의 사망 원인을 살펴보면 암과 심장질환에 이어 뇌졸중이 3위를 차지한다(통계청, 2012).

뇌졸중은 뇌혈관 순환장애로 인한 질환의 총칭으로 편마비, 감각결손, 실어증 및 정서장애를 동반할 수 있다. 뇌졸중은 중도장애로서 사회적 활동을 통하여 삶의 안정과 자아통합을 이루어야 할 중년기 이후에 주로 발생하는 경향이 있다. 뇌졸중 환자는 갑작스런 장애로 인해 많은 변화를 경험하고, 그에 따라 달라진 자신의 상황과 장애를 현실로 받아들이는 등 변화된 사회적 관계에 적응해야 한다. 특히 장애로 인하여 변화된 자신의 모습에 대한 수치심, 무력감, 우울감 등의 심리적 갈등과 자아존중감의 상실은 삶의 질에 부정적 영향을 미치고(Clarke&Black, 2005), 사회와 타인과의 접촉을 회피하는 경향을 초래하여 삶의 질에 악영향을 미친다.

뇌졸중 환자가 일반인보다 자살을 시도할 위험이 3배 높다는 연구결과는 이를 뒷받침한다. 고대구로병원에 의하면 뇌졸중 환자가 자살을 생각한 비율은 24.4%로 일반인의 9.8%보다 2.5배 높았으며, 실제 자살을 시도해본 적이 있다고 답한 뇌졸중 환자는 1.3%로 일반인 0.4%보다 3배 이상 높았다(2016년 10월 29일자 「연합뉴스」). 그러므로 뇌졸중 노인환자의 절망감과 죄책감, 우울감, 자살 충동 등의 정서문제는 신체적 질병 못지않게 치료에서 반드시 다루어야 할 중요한 부분으로, 그 해결책의 하나로 정서적 지지와 관심을 들 수 있다. 그들에게 지지와 관심을 표명하고 계속해서 정신활동을 하도록 유도함으로써 기능적인 면뿐 아니라 전체적인 삶의 질 또한 향상시킬 수 있다(정현주, 2009).

본 연구는 뇌졸중 노인 환자 5명에 대한 인문치료 적용 사례이다. 그들은 발병 후 1~7년째 투병중이며, 질병 및 영구장애로 인해 자신감을 상실하고 무기력하고 우울한 상태이다. 치료방법은 뇌졸중 노인 환자들에게 시 감상 및 창작 중심에 미술활동을 보조적으로 활용한 인문치료를 실시하여 정서적 안정을 증진하고 삶의 질을 향상시키는 것이다. 시를 읽거나 쓰고 그림을 그리는 과정을 통해 과거를 회고하고 내적 상처에 대해 표현하고 억눌려있던 갈등이나 분노 등을 분출시켜 문제의 진행을 예방한다. 그 결과 현실을 수용하고 극복하여 재활의지를 강화하고, 건강한 자기 관리 및 긍정적 사고를 확립하게 한다. 따라서 본 연구는 뇌졸중 노인환자의 정서적 안정과 삶의 질 향상에 초점을 맞춘 인문치료를 통해 그 방법을 모색해 보고, 인문치료의 뇌졸중 노인환자에 대한 임상사례가 미흡한 임상현장에 기초자료를 제공함으로서 인문치료의 활용가능성을 살펴보고자 한다.

2. 뇌졸중 노인환자와 삶의 질

인간의 발달단계 중 마지막 단계인 노년기는 자아통합을 이루고 큰 두려움 없이 다가올 죽음에 직면하게 되는 시기이다(Erickson, 1963). 나이가 들면서 대부분의 노인들은 자신의 삶을 자주 돌아보게 되는데, 이때 자신의 인생을 다른 어떤 것에 의해서도 대치될 수 없는 존재 그 자체로 받아들이는 초연한 자세가 바로 자아통합감이다(이태연 외, 2007).

뇌졸중 노인들은 대부분 평생 비장애인으로 살아왔기 때문에 갑작스레 갖게 된 장애와 질병은 자아통합을 이루는데 방해요소가 될 뿐 아니라 자신의 삶 전체를 무의미한 것으로 확대해석함으로써 절망감에 빠질 수 있다. 리와 무어(Li & Moore, 1998)는 선천적 장애인이 후천적 장애인보다 장애에 더 잘 적응한다고 보고한다. 후천적 장애인은 장애로 인한 상실과 변화로부터 심리적 외상(trauma)을 경험함으로써 적응하는데 오랜 시간과 노력이 소요되기 때문이다. 이는 뇌졸중 노인환자들의 장애 수용 과정이 힘들 것임을 의미한다. 노년기에는 내향성과 수동성이 증가하고 사고의 융통성이 감소하는 동시에 자신이 지녀온 생활방식에 대한 애착이 강하고 변화에 대한 두려움이 커서(윤진, 1997), 자신의 장애를 바라보는 왜곡된 시각을 가질 수 있기 때문이다. 이 왜곡된 시각은 기능적 회복에 걸림돌이 되어 장기 입원으로 연결되고(Lenze 외, 2004), 결과적으로 노인들의 삶의 질을 하락시키는 요인으로 작용할 수 있다.

뇌졸중은 현대의학의 발전으로 조기치료가 이루어져 높은 생존율을 보이고 있지만 장애후유증이 만성적으로 남게 되어 그들의 삶의 질은 상당히 낮다. 좀 더 구체적으로 살펴보면, 뇌졸중 노인환자는 발병 4년 후에는 약 80% 이상의 환자들이 삶의 질 저하를 보이며, 발병 전에 비해 약 60% 이상의 삶의 질 저하를 보인다(김정임 외, 2012). 또한 같은 연령대의 일반인보다 삶의 질이 현격히 떨어진다(Willard-Holt, 1998).

삶의 질은 현대에 들어 많은 사회학자들 뿐 아니라 일반인들 사이에서도 폭넓은 의미로 해석되고 불리어지는 현대적 용어이다. 그러나 아직까지 삶의 질에 대한 용어적 정립이나 개념은 미비한 상태로, 삶의 질과 비슷한 의미를 가진 용어인 "Welfare," "Well-being," "Standard of life," "Satisfaction," "Happiness" 등과 같은 다양한 용어와 상호 교환적으로 사용되어 왔다. 〈세계보건기구(WHO)〉는 삶의 질이란 개인이 살고 있는 문화와 가치체계의 배경 안에서 자신의 삶에서의 위치에 대한 인식이며, 이는 개인이 신체적 건강, 정신적 상태, 자립수준, 사회적 · 환경적 관계에 의해 다양하게 영향을 받는 광범위한 개념이라고 정의한다.

존슨과 맥컬리, 코플리(Johnson 외, 1980)는 삶의 질이란 신체적, 정신적, 사회적 상황 속에서 개인이 표현하는 경험과 주관적인 만족이라고 정의한다. 라이스와 밀러(Rice&Miller, 1990)는 삶의 질을 일상생활의 기능과 생산적 · 지적 능력, 사회역할의 수행정도, 정서적 안정, 삶에 대한 만족도를 포함한 개념으로

정의하였다. 디너(Diener, 1984)는 삶의 질을 만족, 긍정적 정서, 행복 등이 포함된 주관적 안녕감으로, 클립(Clipp, 2002)은 개인의 경험과 신체, 사회, 심리의 여러 영역에서의 안녕 상태라고 정의한다. 이러한 여러 견해들을 종합해 정의하자면, 삶의 질이란 인간의 신체적, 정신적, 사회적, 경제적 요인을 고려한 개인적 상황에서의 주관적 안녕상태라고 할 수 있다.

3. 연구방법

3.1 연구대상

본 연구는 G시에 소재한 F재활병원에서 2013년 10월부터 2013년 12월까지 회기마다 1시간, 주 1회로 총 10회 실시하였다. 연구대상은 연구자가 이 병원에 입원중인 환자를 대상으로 진행한 "행복한 삶을 위한 인문치료"에 참석한 재활환자 5명이다. 그들은 뇌졸중으로 몸의 우측이나 좌측이 마비되어 투병중인 60대 초반에서 70대 후반의 남성노인 환자들이다. 상담 결과, 그들은 오랜 투병으로 자신감을 상실하고 무기력하고 우울했으며, 행복하지 않다고 느끼는 상태였다. 그들의 개요는 다음과 같다.

〈표 1〉 연구대상자의 개요

대 상	질 환	주용 상담 내용 및 특성
A	뇌출혈	우울감과 짜증
B	뇌출혈	투병과 아내의 암 발병으로 우울
C	뇌졸중	독거. 우울감 있으나 내색하지 않음
D	뇌졸중	투병 기간이 길어짐에 대한 실망과 좌절
E	뇌졸중	활달하나 분노 조절이 용이하지 않음

3.2 인문치료 프로그램

본 프로그램을 구성하면서 고려한 것은 내담자의 육체적 기능의 정도와 연령대였다. 우선, 내용면에서 그들이 질병 후유증으로 투병중인 환자들이므로 읽기는 가능하나 말하기와 쓰기 그리고 그리기가 어려운 경우, 읽기와 말하기는 가능하나 그리기나 쓰기가 어려운 경우도 있어 읽기와 쓰기, 말하기와 그리기를 적절히 안배하였다.

문학 텍스트의 선정은 노년의 내담자 세대에게 익숙한 것들로 하되, 리디(Jack J. Leedy, 1985)가 제안하는 다음의 선정 기준을 따랐다. 첫째, 동일시를 불러일으킬 수 있는 보편적인 자료를 사용한다. 리디는 촉매 역할을 하는 시가 동질성원리(iso-principle)에 따라서 선택되어야 한다고 말한다. 동일시 과정에서 도움이 되기 위해서는 시의 느낌과 어조가 참여자의 기분에 잘 어울려야 하기 때문이다. 둘째, 부정적인 감정들에 대처함에 있어 아무런 해결책도 통찰력도 제공하지 않는 혼란스럽고 절망적이며 우울한 자료는 피한다. 시의 마지막 두세 줄이 희망적일지라도, 내용의 대부분이 부정적이라면 참여자의 기분은 치료의 결과와는 반대로 하락하기 때문이다. 셋째, 은유적 내용을 토대로 하고, 이미지를 명확하고 일관성 있게 통합하는 시를 선택한다. 그러한 시는 청자를 명확하고 총체적인 사고로 이끈다. 넷째, 살인과 자살을 미화하거나, 부모의 상이나 신을 훼손하는 내용을 찬양하는 문학 자료는 피한다. 그러한 자료들은 우울한 태도나 위험한 생각, 자살의 위험 등으로 이끌 수 있기 때문이다.

방법 면에서는 이야기하기, 지나간 삶 회고하기, 편지쓰기 등 라이터(Reiter, 1994)의 제안을 참고하였다. 에릭슨(Erickson, 1963)과 버틀러(Butler, 1974)는 노년기가 사람들에게 죽음과 직면하게 하고 자신들의 삶을 회고하게 만든다고 한다. 그러한 회고를 통해 노인들은 자신의 과거를 다시 기억하고 재경험하며 회한이나 상처와 화해하려고 시도하게 된다. 삶을 성공적으로 회고하고 과거 경험과 화해한 사람들은 그렇지 못한 사람들보다 개인의 성장과 삶의 질이 향상되는 것을 경험한다(Tores 외, 2008). 시치료는 과거의 고통스런 경험과 감정의 응어리를 풀고 지난 삶에서 새로운 의미를 찾게 해줌으로써 현재의 삶을 긍정적으로 수용할 수 있도록 도와준다. 잘 살아온 생애를 점검하는 효과적인 방법 중 하나는 일생을 통해 되풀이하여 이야기하고 또 하고, 기억되고 다시 기억 속에서 경험되는 이야기들, 추억들이다(이봉희, 2013). 종종 구성원들과 함께 시 낭송이나 합창도 하였는데, 이는 그룹을 단결시키고 자아를 진작시켜 준다(Pennebaker, 1997).

이러한 문학 활동을 주로 하되 여기에 그리기와 콜라주 등 단순한 미술활동을 보조적으로 활용하였다. 미술활동의 재료 면에서는 빠르고 섬세한 손동작을 요구하는 것보다는 따듯한 느낌을 주고 유년시절을 회상하는 매개가 될 수 있는 크레파스나 클레이 등 손쉽게 손동작을 유도할 수 있는 재료를 사용하였다. 미술을 활용한 이유는 미술은 비언어적 의사소통방식이므로 말이 좀 어눌하여도 내담자의 생각과 느낌을 치료자가 깊이 있게 파악하도록 돕고, 환자들에게 자신의 몸이나 세계에 대한 혼란스러운 느낌을 "상세하게 나타내는" 방법을 마련해주기 때문이다. 이를 통해 장애에 대한 자신의 감정을 이해할 수 있게 된다(Rubin, 2006).

본 프로그램은 10회기로, 초기(1-2회기), 중기(3-8회기), 종결기(9-10회기)의 3단계로 구성하였다. 초기는 친밀감 형성 및 긴장완화를, 중기는 자기탐색과 현실수용 및 긍정적 사고 확립을 목표로 하였다. 종결기는 긍정적 경험을 통해 자신감을 회복하고 행복한 미래를 계획함을 목표로 하였다.

4. 연구결과

4.1. 회기별 변화

4.1.1 초기단계: 1-2회기

초기단계에서는 신뢰감 형성을 위해 소개와 소망, 이 시간에 기대하는 것 나누기, 클레이 작업과 협동화 만들기를 하였다. 참여자들은 인문치료가 무료한 병원 생활의 활력이 되었으면 좋겠다고 하였다. A와 B는 동료들과의 사회활동에 동참하고 싶어서, C는 이야기하고 싶어서, D는 매일 TV만 보기가 지루해서, E는 동료들과 친하게 지내고 싶어서 참여했다고 하였다.

협동화는 편안한 자세로 눈을 감고 음악을 들으며 클레이를 마음대로 주무르며 명상한 후, 떠오른 이미지를 클레이로 만들고 동료들과 상의하여 커다란 도화지에 이미지들을 배치하여 하나의 작품으로 완성하는 식으로 진행되었다. A는 만두를 만들었다. 그는 발병 전에 만두 요리를 잘했다고 한다. B는 송편과 눈사람을 만들었다. 그는 "겨울이 되면 눈사람을 만들곤 했는데, 내가 다시 눈사람을 만들 수 있을까"라고 하였다. C는 흰색 부츠 한쪽을 만들었다. D는 베레모를 만들었고 퇴원할 때 쓸 것이라고 하였다. 제목은 그림 안에 사계가 다 있으니 "봄, 여름, 가을, 겨울"로 하자는 E의 제안에 따랐다(그림 1).

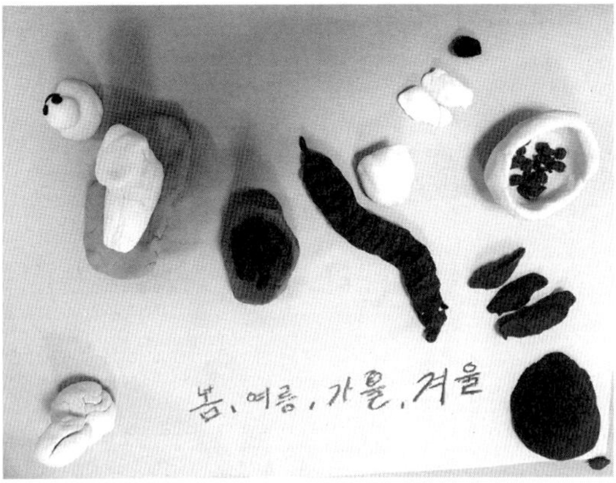

〈그림 〉 협동화

4.1.2 중기단계: 3-8회기

중기단계에서는 내담자의 감정이 표출된 작품을 통해 내면을 탐색함으로써 자신을 인식하고 현실수용 및 긍정적 사고를 확립하는데 주력하였다. 이 단계에서는 자화상 쓰기, 소중한 사람에게 편지쓰기, 내 마음 알아보기와 시로 써보기, 감사한 것들 적어보기, 후회하지 않는 삶에 대한 글쓰기, 걱정 날려버리기와 협동시 쓰기 등을 하였다.

자화상 쓰기는 가족의 소중함을 인식하고 가족관계에서 자신의 모습을 탐색하는 시간으로 서정주의 「자화상」을 활용하였다. 시 감상 후, 시에 나오는 가족을 칭하는 어휘들인 "아비, 할머니, 어미, 아들, 외할아버지, 나"를 키워드(key words)로 자화상 쓰기를 하였다. 이러한 키워드는 "아내, 남편, 딸, 아들"로 대치 가능하다. E는 돌아가신 어머니에 대한 그리움과 효도하지 못한 자책감을 "손발이 다 닳도록 애쓰시는 모습/ 지금도 눈에 선하다./ 나는 엄마의 마음을 헤아리지 못하는/ 못난 자식이다."라고 묘사하였다. D는 "아내의 고마움을 생각하며"란 제목으로 자신의 병수발로 고생하는 아내의 모습을 다음과 같이 노래하였다.

… 무엇을 잘못 살았기에
이 몹쓸 병을 얻어
그 아픔에 떨고 있는
나의 병수발에 너무 힘에 겨워

검정머리가 백발로 변하고
아름답던 허리는
힘에 겨워 구부러졌네.

그는 자신의 발병이 자신이 무언가 잘못한 탓으로 여겼으며, 계속 눈물을 흘려 연구자가 대신 읽었다. B는 자녀들에 대한 사랑을, C는 돌아가신 할아버지에 대한 그리움을 시로 썼다. A는 마음이 복잡한 듯 시는 쓰지 않고 눈을 감고 있었으며, "가족에 대해서는 누구나 비슷한 마음일 것이다. 빨리 다들 일어났으면 좋겠다."고 말했다. 회기는 일하러 나간 엄마를 기다리다 잠이 드는 아기의 모습을 묘사한 "섬 집 아기"를 합창하고 종료하였는데, 그는 노래하며 눈물을 흘렸다.

소중한 사람에게 편지쓰기는 대인관계의 소중함을 노래한 윤석구의 「만나면 행복해지는 사람」을 활용하였다. 이 시에서처럼 나는 아무 때나 만나도 상대를 행복하게 하는 사람인가, 내게 그런 사람이 있나, 없다면 그 원인이 나에게 있나, 그런 사람의 특성은 무엇인가 등을 나눈 후, 자신에게 그런 사람에게 편지 쓰기를 하였다. A는 고향친구에게 늘 건강하라고, B는 돌아가신 부모님께 꿈에라도 찾아와 달라고, C는 아버님께 불효만 해서 죄송하다고 편지를 썼다. D는 지난 주말에 병문안 온 친구에게 "이번 만남이 마지막이 아닌가 생각이 드는구나./ 우리가 하늘나라로 간 후에라도 남들이 좋은 영감들이/ 어려운 세상을 살다 가셨구나 하고 기억하기 바란다."고 적었다. E는 남은 여생 남에게 희망을 주는 사람, 바라만 보아도 용기를 주고 소망이 솟아나고 생활의 활기가 되는 그런 사람이 되고 싶다고 썼다.

내 마음 알아보기와 시로 써 보기는 자기 탐색을 위한 문제를 표출하고자 진행되었다. 먼저 내 마음 알아보기는 감정카드를 사용하였다. 지난 주 느낀 감정을 "자랑스럽다," "슬프다" 등의 감정이 적힌 44개의 카드 중 세 개씩 선택해 나눔을 하였는데, A는 "우울하다," "행복하다," "살맛이 난다"를 선택하였다. 지금 상황이 짜증나고 우울하지만, 그러한 기분을 재활치료를 통해 극복하려고 노력하고 있으니 행복하고 살맛이 났으면 좋겠다고 하였다. B는 "걱정스럽다," "답답하다," "속상하다"를 선택했는데, 암 투병 중인 아내 걱정 때문이라고 하였다. C는 "즐겁다," "편안하다," "만족하다"를 선택하였는데, 치료도 받고 이 시간도 즐거워 만족하려고 노력한다고 하였다. D는 "걱정스럽다," "실망스럽다," "지친다"를 선택하였는데, 처음 입원했을 때는 금방 걸어서 퇴원할 줄 알았는데 아직도 휠체어 신세여서 속상하다고 하였다. E는 "인정받는다," "마음 아프다," "사랑하다"를 선택하였는데, 동료들이 자신을 믿고 기도를 요청하니 고맙고, 죽음이 임박한 동료를 보면 마음 아프며, 서로를 위해 기도하는 사랑하는 마음이 감사하다고 하였다. 나눔 후, 바꾸고 싶은 카드가 있다면 바꿔서 새로 나눔을 하였다. B는 "걱정스럽다"를 "희망적이다"로 "답답하다"는 "자신감 있다"로 바꾸었다. 진퇴양난인 지금의 상황이 화나지만, 재활치료 열심히 해서 사회의 구성원으로서의 희망과 자신감을 꼭 찾고 싶다고 하였다. C는 "만족하다"를 "자신감 있다"로 바꾸었는데, 퇴원 후 다시 일을 하고 싶은데 아직 자신은 없지만 꼭 그러고 싶다고 하였다. 이 내용을 토대로 내 마음을 시로 써보기를 하였으며 김동명의 「내 마음」을 합창 후 회기를 종료하였다.

내가 가진 감사한 것들에 대한 시 쓰기와 콜라주 작업하기는 현실 수용 및 긍정적 사고방식 확립을 위해 진행하였다. 장영희의 수필 「살아온 기적, 살아갈 기적」을 감상한 후, 내가 가진 감사한 것들을 찾아보고 이를 토대로 시 쓰기와 콜라주 작업을 하였다. A는 아무 것도 하지 않고 가만히 있었다. 콜라주용 잡지와 신문에 마음이 드는 사진이 없냐고 하니 그렇다고 하였다. 계속 관심을 가져주자 작업을 시작하였다. 그는 가족이 있는 것이 감사하다며 "내가 다시 걸을 수 있다면,/ 좋은 일들을 많이 하고 싶다./ 성처럼 멋진 집을 지키며/ 가족과 편하게 쉬면서 살고 싶다."고 적었고, 이를 교외에 위치한 옛 성 사진을 오려 장식하였다. "집을 지킨다"라는 표현에서 그가 가장으로서 자신의 역할을 자각하고 있으며 자신의 현 상황을 수용하려 노력한다는 것을 알 수 있다.

B는 아프고 보니 남은 것은 가족이라며 아내가 아픈데도 자신이 돌봐주지 못하고 오히려 아내가 자신을 돌봐주는 상황이 가슴 아프다며 다시 사회로 복귀할 때까지 기다려 달라고 썼으며, 이를 부부의 그림과 자연 풍경으로 장식하였다(그림 2). 부부는 자신과 아내, 푸른 나무와 강물은 청춘을 상징하며, 아내와 청춘처럼 살고 싶은 마음을 표현했다고 하였다.

〈그림 2〉

C는 젊은 시절 손기술이 좋아 금속 판넬을 수작업으로 오리는 일을 하였는데, 병으로 우측이 마비되었지만 아직도 기술이 조금 남아 있어 감사하다고 적었다. 그는 섬세한 손동작을 요하는

그림을 오려서 콜라주를 하였다. D는 야생화 연구가로서 세계 곳곳에서 전시회도 열고 마음껏 일하며 지내온 지난 세월이 감사하다고 하였으며, "현재의 병이 치유되면/ 꽃과 같이 아름다운 마음으로/ 사회에 봉사하는 일원이 될 수 있었으면..."이라고 적었고 이를 꽃 그림으로 장식하였다. E는 발병 이후의 삶이 감사하다고 하였다. 그는 만약 병에서 치유된다면 이제껏 "금수(禽獸)처럼" 자신만을 위해 살아 왔지만 앞으로는 이웃을 위하는 "인간다운 삶"을 살기로 다짐했는데, 다행히 병이 호전되고 있어 자신과의 약속을 지킬 수 있을 것 같다고 하여 동료들의 박수를 받았다.

후회하지 않는 삶에 대한 글쓰기는 "후회하는 고양이"라는 제목의 연작동화 만들기로 시작하였다. 연구자가 먼저 "고양이 한 마리가 후회하며 울고 있었습니다."라고 하면 내담자들이 차례로 다음 문장을 만들어 스토리를 완성한다. 차례가 되었을 때, 생각이 안 나면 패스하였다. 그 내용은 다음과 같다.

> 고양이 한마리가 후회하며 울고 있었습니다. → 배가 아파 울고 있었습니다(A). → 울고 있는데 친구인 바다거북을 만났습니다(D). → 바다거북은 병원에 가자고 했습니다(E). → 의사는 고양이가 위궤양이라고 진단했습니다(C). → 위궤양인 이유는 여자 친구가 떠나 술을 많이 먹었기 때문입니다(B). → 의사는 고양이에게 약도 주었고, 새로운 짝도 찾아주었습니다(D). → 새로운 짝을 찾은 고양이는 행복했습니다(C). → 둘은 의견이 맞지 않아 짜증이 날 때도 있었습

니다(A). → 그래도 둘은 아가를 낳고 행복하게 살았습니다(B).

이 내용에는 긴 투병으로 우울하고 짜증이 많아진 A, 결혼생활이 만족스러운 B, 투병이 길다보니 병원생활에 익숙해져서 담담한 C, 의사를 신뢰하는 D와 E 등 내담자들의 특징이 잘 드러나 있다.

연작동화 만들기 후, 예이츠의 「버드나무 정원아래」(Down by the Salley Gardens)를 감상하고 후회하지 않는 삶에 대한 글쓰기를 하였다. A는 "나의 인생"이란 제목으로 "지난 삶을 생각하니 후회되는 일이 많다./ 술도 먹고 나쁜 일도 많이 했다./ 다시 태어나면 멋있게,/ 서로 배려하며, 착한 마음으로 살아가겠다."라고 썼다. B는 "인생"이란 제목으로 "지금 생각하면 참으로 후회스럽다./ 아내 고생만 시키고... 정말로 나는 낙오자가 되는가.../ 열심히 재활하여 사회의 일원으로 다시 살고 싶다."고 적었다. D는 "후회는 없다"라는 제목으로 후학을 양성하고 강연과 전시회를 하러 세계 곳곳을 누비던 지난 삶은 축복이었다고 적었다.

걱정 날려버리기와 협동시 쓰기는 긍정적인 사고방식을 수립하고자 시도하였다. 이해인의 「미루지 않고 사랑하는 일」 감상 후, 지금이나 올해 잊었으면 하는 걱정거리나 혹은 용서하고 싶은 것들이 있다면 이를 "용서하기," "잊어버리기," "걱정 날려 버리기"란 주제로 시 쓰기를 하였다. A는 "잊고 싶은 날"이라는 제목으로 올해 초에 수술한 날의 기억을 잊고 싶다고 적었다. 수술

후의 통증뿐만 아니라, 우측이 마비된 것을 안 그날의 좌절감도 잊고 싶다고 하였다. 발병한지 일 년이 되지 않아 아직은 장애 수용 및 극복이 쉽지 않은 것 같다. B는 "나의 일기"란 제목으로 병의 진척이 더뎌 올 해도 퇴원하지 못함이 안타깝지만 다 본인의 잘못이므로 "용서할 게 없다./ 나의 잘못을 누구에게 원망하랴."라고 적었다. D는 "나의 소망"이라는 제목으로 다시 일어서고 싶으며 꼭 걸어서 퇴원할 것을 동료들 앞에서 다짐한다고 적었다. E는 "恕"라는 제목으로 용서는 사랑의 근본이니, 서로 사랑하고 용서하자는 내용의 시를 적고 늘 그러한 마음으로 살고자 노력한다고 하였다.

나눔 후, 각자 본인의 시 중 마음에 드는 행을 한 줄씩 찾아 오리고 구성원끼리 상의하여 시행의 순서를 정하고, 8절 색지 위에 붙여 부족한 부분을 보강해 협동시를 지었다. 제목은 상의 하에 「恕」라 정했으며, 아래는 시의 일부이다.

> 잊어버리고 싶은 날들
> 생각하고 싶지도 않구나.
>
> 용서할 게 없다.
> 나의 잘못을 누구에게 원망하랴.
>
> 너그럽게 살자.
> 사랑하고 용서하며 즐겁게 살자.

반드시 걸어서 퇴원할 것을 소망하며
이를 여러분들 앞에 다짐합니다.

협동시 중 마음에 들었던 어휘나 시행은 무엇인지 각자 이야기하고 회기를 종료하였는데, 모두 5~6행이 좋다고 하였다.

4.1.3 종결단계: 9-10회기

종결단계에서는 나의 미래 그려보기와 "인문치료를 마치며"란 글쓰기를 하였다. 나의 미래 그려보기는 어린 시절의 꿈 나눔으로 시작하였다. B는 공학도가 되고 싶었고, 건축 사업을 하면서 그 꿈을 어느 정도 이룰 즈음 발병하여 마무리를 못할 것 같아 안타깝다고 하였다. D는 현실성이 없는 너무 큰 꿈을 가졌기에 이루지는 못했다고 하였다. E는 성경 말씀대로 살고자 했으나 이루지는 못했고 지금도 노력하고 있다고 하였다. 나눔 후, 김재진의 「한 번쯤 다시 살아볼 수 있다면」을 감상하고, 현 시점에서 실현 가능한 나의 꿈과 미래상을 구체적으로 명상하고 계획해 보고, 그 내용을 토대로 글쓰기나 그림그리기, 혹은 둘 다를 하였다. A는 "나의 미래"라는 제목으로 다음과 같은 그림을 그렸다(그림 3). 숲속 개울가 옆에 멋진 집을 짓고 평화롭게 살고 싶은 마음을 표현했다고 한다.

〈그림 3〉

B는 "나의 인생관"이란 제목으로 "… 앞으로 모든 일에 열심히 살자/ 우리 집사람 건강 다시 찾고/ 행복하게 살고 싶다./ 행복은 멀리 있지 않고 가까이에 있다."라고 적었다. C는 "산책"이란 제목으로 소나무 숲길을 걸어가는 남자를 묘사하였다(그림 4). 남자는 숲길 맞은편에서 친구를 만나 손을 흔들고 있다며, 퇴원하면 친구들과 산책하며 여유롭게 살고 싶은 심정을 묘사했다고 하였다.

〈그림 4〉

D는 "야생화"란 제목으로 야생화가 겨울의 추위와 여름의 장마를 이기고 아름답게 피어나 대지를 눈부시게 바꾸어 놓은 것처럼, 자신도 병을 이기고 일어나 변화된 모습으로 행복한 여생을 보내고, 더 나아가 온 누리와 온 인류에 행복이 넘치길 기원한다고 적었다. 아래는 그가 건강을 회복한 후, 호젓한 산기슭의 정자에 앉아 낚시를 하고 있는 풍경을 그린 그림이다(그림 5).

〈그림 5〉

E는 "한번쯤 다시 살아볼 수 있다면"이란 제목으로 다음과 같은 시를 썼다.

지혜롭지 못하게 지내온 지난날들 되새기며
앞으로 남은 삶 지혜롭게 살고 싶네요.

덕스럽지 못하게 살아온 부끄러운 지난날들 되새기며
앞으로 남은 삶 덕스럽게 살고 싶네요.

사랑하는 마음을 갖지 못했음을 고백합니다.
원수 사랑의 마음으로 살아가기를 원합니다.

용서하는 마음도 갖지 못했음을 고백합니다.
남은 여생 용서하며 선하게 살아가기를 원합니다.

회기 마지막 날, "인문치료를 마치며"란 제목으로 소감 및 앞으로의 각오에 대한 글쓰기를 하였다. A는 이 시간이 "자신을 되돌아 볼 수 있는 의미 있는 시간이었다."고 하였고, B는 "동료들과 마음을 나누고 위로해주는 시간이었다. 끝나서 아쉽다."고 적었다. C는 "동료들과 대화하고 동병상련의 정을 나눌 수 있어서 좋았다. 마음의 응어리가 풀린 기분이다."고 하였으며, D는 "휠체어 때문에 활동의 제약이 많은데 이 시간은 육체적 활동의 제약 없이 마음껏 이야기하고 글 쓰고, 그림 그리는 것이 좋았다. 시간을 더 늘렸으면 좋겠다."고 적었다. E는 "좋은 만남의 시간이었다. 유익한 대화를 통해 서로를 알게 되어 기쁘다."고 썼다. 앞으로의 각오는 대부분 재활치료 열심히 해서 몸 상태가 조금이라도 나아지도록 노력하겠다는 것이었고, A는 퇴원하면 자신보다 힘든 사람들에게 봉사하고 싶다고 하였고, E도 자신의 남은 생은 덤이라고 생각하므로 이웃을 위해 살고 싶다고 하였다.

5. 나오며

우리가 삶의 중간에 얻게 되는 갑작스런 장애는 우리의 삶을 커다란 위기와 변화로 몰아넣는다. 일부의 사람들은 장애를 잘 수용하고 극복하여 새로운 삶에 적응하며 살아가지만, 또 일부의 사람들은 이를 극복하지 못하고 자신감을 상실한 채 우울하고 무기력하게 살아간다. 본 연구는 뇌졸중 노인환자들이 삶의 질이 향상되어 남은 삶을 정서적으로 보다 건강하게 살아가는데 도움을 주고자 이루어졌다.

연구자는 노년의 남성 환자 5명을 대상으로 2013년 10월부터 12월까지 주 1회, 1시간씩 총 10회기 동안 시와 미술을 활용하여 삶의 질 향상에 초점을 맞춘 인문치료를 진행하였다. 프로그램이 진행되면서 내담자들의 표정이 밝아지고, 회기 중의 태도도 적극적으로 바뀌었다. 설명을 하거나 상대에게 조언을 하는 등 자기표현 능력과 자신감 등도 향상되었다. 앞서 설명한대로 시나 글에도 변화가 나타났다. 다시 정리해보면, A는 처음에 글을 쓰지 않는 등 회피적인 태도를 보이기도 했으나 점차 "가족, 특히 아내의 존재"에 감사함을 느끼고, 이전에는 "술도 먹고 나쁜 일도 많이" 했지만 앞으로는 "타인을 배려하고 봉사하며 착하게 살고 싶은" 꿈을 갖게 되었다. B는 "다시 눈사람을 만들 수 있을" 정도로 회복할 수 있을까 회의도 들고, 사업도 실패하고 병든 아내 고생만 시키니 자신이 "낙오자"가 될까 두렵지만, 모든 원인은 자신임을 인정하고 "행복은 멀리 있지 않고 가까이에 있다."

는 것을 깨닫고 "사회의 일원으로 복귀"하여 아내와 "행복하게 살고 싶은" 소망을 갖게 되었다. 독거노인으로 "이야기가 하고 싶어" 이 프로그램에 참여한 C는 처음에 외로움이나 우울한 마음 등을 표현하지 않았으나 점차 돌아가신 조부와 부친에 대한 그리움, 자녀에 대한 미안함 등을 표현하게 되었으며, 앞으로 "친구와 산책하고 싶다."는 소망도 표현하게 되었다. D는 처음에 투병기간이 길어지는 것에 대해 "조바심"이 났지만, 온갖 시련을 견디고 피어나는 야생화처럼 자신도 시간은 걸리겠지만 병을 이기고 "자신뿐 아니라 모두가 행복해졌으면 좋겠다."는 소망을 갖게 되었다. E는 "금수처럼" 자신만을 위해 살아왔고 사랑하고 용서하는 마음을 갖지 못했지만, 이제는 이웃을 위해 봉사하는 "인간다운 삶"을 살고자 노력하게 되었다. 이러한 변화는 그들이 치료적 시 읽기와 쓰기, 그리고 미술 활동에 참여하여 긍정적이고 창조적인 노력에 개입되는 동안 감정배출을 하고 자기 탐색과 통찰을 거친 결과일 것이다.

이상의 연구결과를 요약하면 첫째, 인문치료는 뇌졸중 노인환자의 회기별 자기표현을 증가시킨다. 둘째, 인문치료는 뇌졸중 노인환자의 자신감을 회복시키고 삶의 질을 향상시킨다. 결론적으로 시와 미술을 활용한 인문치료는 뇌졸중 노인환자의 삶의 질 향상에 긍정적인 변화를 가져왔다. 따라서 인문치료는 뇌졸중 노인환자의 삶의 질 향상을 위한 중재 자료로 활용될 수 있을 것이다.

■ 이 글은 필자의 논문 "The Effects of Humanities Therapy on the Quality of Life of Elderly Stroke Patients"(*Journal of Humanities Therapy* 7.2 (2016): 107–27)를 번역 · 수정 · 보완한 것임.

■ 참고문헌 ■

김정임 외. 「한지를 이용한 집단미술치료가 뇌졸중 노인환자 삶의 질 향상에 미치는 영향」. 『한국노년학』 32.1 (2012): 87~102.

연합뉴스 홈페이지. http://www.yonhapnews.co.kr/

윤진. 『성인노인심리학』. 중앙적성출판사, 1997.

이봉희. 「취약계층, 무학, 독거노인 대상 문학치료 사례 – 내 삶의 회고: 아름다운 소풍」. 『문학치료연구』 26 (2013): 39–77.

이태연 외. 『생활 속의 정신건강』. 신정, 2006.

정현주. 『음악치료학의 이해와 적용』. 이화여자대학교출판부, 2009.

주디스 A 루빈. 김진숙 (역). 『미술치료학 개론』. 학지사, 2006.

통계청 홈페이지. 「사망원인 통계결과」. http://kostat.go.kr/ 2012.

Butler, R. N. "Successful Aging and the Role of Life Review." *Journal of the American Geriatrics Society* 22 (1974): 529–35.

Clark, P. & Black, S. E. "Quality of Life following Stroke: Negotiating Disability, Identity, and Resources." *Journal of Applied Gerontology* 24.4 (2005): 319–36.

Clipp, E. C. "Quality of life." Maddox (Ed.). *The Encyclopedia of Aging*. New York: Springer Publishing Co., 2002.

Diener, E. "Subjective Well-being." *Psychological Bulletin* 95 (1984): 542–75.

Erickson, E. H. *Childhood and Society*. New York: Norton, 1963.

Johnson, J. P., Macauley, C. R. & Copley, J. B. "The Quality of Life of Hemodialysis and Transplant Patients." *Kidney Internal* 22 (1980). 286–91.

Lenze, E. H. et al. "Significance of Poor Patient Participation in Physical and Occupational Therapy for Functional Outcome and Length of Stay." *Achieves Physical Medicine Rehabilitation* 85.10 (2004): 1599–601.

Li, L. & Moore, D. "Acceptance of Disability and Its Correlates." *Journal of Social Psychology* 138.1 (1998): 13–25.

Leedy, J. J. *Poetry as Healer: Mending the Troubled Mind*. New York: The Vanguard Press, 1985.

Pennebaker, James W. 1997. *Opening Up: The Healing Power of Expressing Emotions*. New York: The Guilford Press.

Reiter, Sherry. "Enhancing the Quality of Life for the Frail Elderly: Rx, the Poetic Prescription." *The Journal of Long Term Home Health Care* 13.2 (1994): 139–46.

Rice, R. W., & Miller, M. D. "Developing a Model for the Study of Quality of Life in Elderly Patients with Chronic Disease: Use of Hypertension as an Example." *Southern Medical Journal* 83.8 (1990).

Tores, C. M. Stewart, A. J. & Nolen–Hoeksema, S. "Regret Resolution, Aging, and Adapting to Loss." *Psychology and Aging* 23.1 (2008): 169–80.

Willard–Holt, C. "Academic and Personality Characteristics of Gifted Students with Cerebral Palsy: A Multiple Case Study." *Exceptional Children* 65 (1998): 37–50.

재소자의 소시오드라마 경험을 통한 '부끄러움'의 내용 분석

윤 일 수

1. 서론

세간에서 '부끄럽다'는 표현은 흔히 '염치를 안다'는 뜻으로 사용되는 경우가 많다. 예를 들어 '부끄러워 고개를 못 들겠다', '부끄럽게 살고 싶지는 않다', '부끄러운 줄 알아야지', '부끄럽게 어떻게 그런 짓을 하냐' 등이다. 자신이 저지른 잘못에 대해 부끄러워한다거나 타인이 저지른 잘못에 대해 비난한다는 것은 그러한 잘못을 되풀이해서는 안 된다는 생각을 담고 있다. 이처럼 '부끄러움'은 자신의 잘못된 행동을 개선하겠다는 의지를 담고 있고, 타인의 잘못된 행동을 개선하라는 요청을 담고 있다. 건전한 부끄러움은 도덕적으로 행동하게 하는 정서적 감정이라는 공통점을 이끌어내고 있기 때문이다.

동서고금을 막론하고 '부끄러움'이라는 정서적 감정을 경험하지 않는 사람은 없다. 사람이라면 누구나 경험하게 되는 보편적인 감정이기 때문이다. 예를 들어 '우리나라는 해외입양을 제일 많이 하는 나라다', '일인당 주류소비량이 제일 많은 나라다', '인구대비 자살률이 제일 높은 나라다' 등의 말을 들으면 왠지 부끄러워진다. 이 말에는 자기 핏줄만 중시하는 나라라거나 절제를 모르는 국민이라거나 사회복지 서비스가 제대로 되지 않은 나라라는 부정적인 인식이 담겨 있기 때문이다. 아직 문명화가 덜 된 나라라는 이미지를 갖게 한다.

이처럼 '부끄럽다'는 말은, 그것이 잘못된 것이기에 바로 잡아야한다는 의지가 담겨 있다. 따라서 '부끄러움'을 느끼게 되면 그 잘못을 되풀이하지 않으려고 노력하게 된다. 대부분의 사람들은 살아가면서 크고 작은 잘못을 저지르고, 그 잘못을 되풀이 하지 않으려고 한다. 같은 잘못을 되풀이하면 신뢰를 상실하게 되고, 그로 인해 주변 사람들과의 관계마저 악화될 수 있기 때문이다. 그렇다면 사람들로 하여금 이런 종류의 '부끄러움'을 느끼게 하는 것은 사회 안녕을 위해 긍정적이다.

만약 교도소에 수감 중인 사람이라면, 잘못을 되풀이하지 않으려는 욕망이 클 것이다. 참가자들은 자신의 잘못된 행동으로 인해 형벌에 처해져 일정기간 동안 사회로부터 격리되어 가족 친지들과 헤어져 살아야한다. 일단 전과자라는 낙인이 찍히면, 출소 후에도 사회생활을 하는 데 여러 가지 제약을 받는다. 그럼에도 불구하고 잘못된 행동을 되풀이하여 재수감되는 사람들이 적지 않다. Home Office(2001)에 의하면 성인 일반범죄의 재범률이 55%라고 한다(표갑수 · 엄정옥, 2012: 221). 이처럼 재범률이 높은 것은 세속적인 표현인 '감방에서 썩는다'와 같이, 감금생활을 형벌로 생각하는 것과 무관하지 않다. 공자가 남긴, '형법에 의해 다스려지는 사회는 부끄러움을 모르는 사람들을 길러낼 수 있다'는 말과 상통한다(이선, 2009: 290). 예전의 '형무소(刑務所)'가 '교도소(矯導所)'로 개명된 것도 '벌을 받는 곳'이 아니라 '교화'하는 곳이라는 인식을 반영한 것이다. Hanson 등(2002)에 의하면, 교정치료를 받지 않았을 때 41.7%이던 재범률이 교정치료를 받았을 때 28.7%로 낮아진다는 연구결과에서도 확인된다(표갑수 · 엄정옥, 2012: 221).

사회활동이 가능한 인력이 수감생활을 하는 것은 수감자 개인으로서도 큰 손실이지만, 사회적으로도 큰 손실이다. 개인적으로는 사회활동을 하지 못함으로써 그로 인한 여러 가지 손실이 발생하고, 사회적으로는 수감자의 경제활동 제한으로 사회적 손실이 발생할 뿐만 아니라 수감자를 관리하는 데 드는 비용도 상당하기 때문이다. 2015년 발표에 의하면, 수감자 한 명을 관리하는 데 연 2,500만원의 비용이 소요된다고 한다(YTN 뉴스, 2015.05.20.). 또한 법무부의 '2015년도 예산 및 기금운용계획'에 따르면, 2015년 전체 수용자 관리비용은 1,047억 4,700만원으로 책정되어, 2014년 999억 3,350만원보다 54억 1,200만원(5.4%) 인상되었다고 한다(헤럴드 경제, 2015.10.28.). 이처럼 매년 참가자 관리를 위해 소요되는 비용은 상당하다. 따라서 '부끄러움'에 대한 감수성을 높임으로써 재범률을 낮추게 된다면,

범죄 피해자가 겪는 고통과 그로 인해 발생하는 손실을 줄이는 것은 물론이거니와 교도소 운영에 소요되는 비용을 줄이게 될 것이며, 재소기간 동안의 인력손실도 줄이게 될 것이다.

본고에서는 참가자들이 경험하는 '부끄러움'에 대한 사례연구를 통해, 그들이 지니는 '부끄러움'과 재범률과의 관계를 밝히고자 한다. 연구결과는 향후 참가자를 대상으로 하는 프로그램을 개발함에 있어서, '부끄러움'에 대한 감수성을 기르도록 하는 자료로 활용될 것이다. '부끄러움'에 관한 감수성을 향상시키는 것은 재범률을 감소시키는 데 기여할 것으로 사료된다.

2. 문헌 고찰

2.1 '부끄러움'의 개념

'부끄럽다'는 '일을 잘 못하거나 양심에 꺼리어 볼 낯이 없거나 매우 떳떳하지 못하다' 또는 '쑥스러움을 느끼어 매우 수줍다'라는 의미다. 한국사람은 '부끄럽다'라는 말을 사용할 때, 상황에 따라 '수줍다'는 의미로 사용하기도 한다. 본고에서는 '부끄러움'의 의미를 무언가 잘못하거나 도덕적으로 그른 행동을 하고 난 후 느끼는 감정으로 사용한다. 이와 유사한 감정으로는 '죄책감'이 있다. 통상적으로 죄책감(feeling of guilt)은 개인적인 감정으로서 여겨 내면적 성찰과 양심의 가책과 관계있으며, 부끄러움은 사회적인 감정으로서 타인의 기대를 저버리는 것과 관계있다. 죄책감은 자아의 시선이 문제가 되며, 부끄러움은 타인의 시선이 문제가 된다(정문영, 2012: 66).

심리학자인 조너선 칙은 상황적인 부끄러움이 대인관계를 원만하게 하는 데 도움이 되며 사회적으로 용납되지 않는 행동을 억제하게 한다고 했다. 바로 부끄러움 때문에 지켜야 할 선을 넘지 않는다는 것이다(버나도 카두치, 2007: 28-29). 유교에서 부끄러움은 인간 행동과 정신의 근본을 이루는 생활철학이자 도덕심의 기본이다. 공자는 부끄러움이 사단칠정의 의(義)와 통한다고 보았으며, 그중 건전한 부끄러움은 긍지(pride)와 일맥상통한다고 보았다(이호영, 2002: 234). 퇴계는 자기성찰을 하는 과정에서 정신적인 갈등이 일어났을 경우에 죄책감을 느끼고, 정신적인 갈등이 일어나지 않은 경우에 부끄러움을 느낀다고 했다(정문영, 2012: 200). 이처럼 건전한 부끄러움은 긍지(pride)와 관련시키는 경향이 있다.

부끄럽게 생각하는 행동에는 다음과 같은 것이 있다. 첫째, 타인에게 물질적 피해를 입히는 것으로 절도, 차비 안내기, 물건 파손 등이 있다. 둘째, 사회규범을 위반하는 것으로 질서를 안 지킴, 시험에서 컨닝을 함, 성적을 조작함 등이 있다. 셋째, 자기통제를 못하는 것으로 술 먹고 실수함, 거짓말, 흡연, 음란물 시청 등이 있다. 넷째, 타인에게 잘못하는 것으로 친구한테 잘못함, 약자를 괴롭힘, 책임을 회피함 등이 있다. 다섯째, 대인관계에서 예의를 지키지 못하는 것으로 결례를 저지름, 노약자에게 자리양보를 안 함, 욕설을 퍼부음 등이 있다(김기범 · 김양하, 2004: 34).

부끄러운 행위를 저지르면, '나쁜 사람', '비도덕적인 사람', '이기적인 사람'이라는 부정적인 평가를 듣게 된다. 이러한 평가는 대인관계에서 신뢰를 떨어뜨리고, 상대방을 실망시킴으로써 소외되는 부적 경험으로 이어진다. 따라서 사람들은 타인으로부터 부정적 평가를 받지 않기 위해 그리고 타인과의 관계를 악화시키지 않기 위해 부끄러운 행동을 하지 않으려고 하는 경향이 있다(김기범 · 김양하, 2004: 35). 나아가 더 나은 쪽으로 변화하도록 동기를 유발시키는 요인으로 이용되기도 한다(데이비드 호킨스, 2013: 73). 그러므로 '부끄러움'에 대한 감수성을 높이게 되면, 사회규범에 벗어나는 행위가 감소될 것이다.

2.2 연구 방법

2.2.1 프로그램 개요

본 연구는 참가자들의 재범률을 낮추려는 목적으로, K교도소에 수감 중인 참가자를 대상으로 '부끄러움'을 주제로 한 소시오드라마를 실시하여 그 결과를 질적 분석한 사례연구다. 소시오드라마는 참여자들이 자신의 삶에 영향을 미치는 사회문제를 소재로 하여 상황극을 만들어보는 과정에서 억눌린 감정을 정화하고, 문제상황에 대한 통찰을 통해 문제해결을 위한 새로운 역할을 직접 경험해보는 것이다. 참가자들은 '부끄러움'을 주제로 하여 소시오드라마를 하면서, '부끄러움'을 느끼게 되는 상황에 대해 이야기하고, 자신이 경험했던 부끄러운 감정을 노출하게 됨으로써 카타르시스를 경험할 수 있다. 또한 문제상황에 대한 과장, 확대, 반복, 구체화 그리고 역할교대와 거울기법 등을 통해 문제상황을 다각적으로 바라볼 수 있다. 즉 안전한 환경에서 다양한 역할에 대한 훈련을 해볼 수 있다는 것이다. 이러한 점에서 소시오드라마는 사회문제를 해결하는 데 유용한 방법이다. 따라서 소시오드라마를 통해 '부끄러움'을 느꼈던 상황을 행위화해보면서, 그 감정을 재경험하지 않기 위한 방안을 찾아낼 수 있다. 왜냐하면 소시오드라마는 정화 · 통찰 · 역할훈련을 통해(페트리시아 스텐버그 · 안토니나 가르시아, 2012: 48), 자발성과 창조성을 발휘하여 나를 넘어서 새롭게 변화된 세계를 창조하는 데 있기 때문이다(최헌진, 2003: 628).

소시오드라마는 워밍업 · 행위화 · 나누기 등의 과정을 거치게 된다. 워밍업은 집단원의 응집력을 높이고 문제해결에 대한 의욕을 고양시키기 위해 사슬풀기를 했다. 사슬풀기는 두 사람이 손을 엇갈리게 하여 마주 잡은 상태에서, 손을 놓지 않은 채 엇갈린 손을 풀도록 하는 것이다. 엇갈린 손을 풀기 위해서는 손을 마주잡은 사람끼리 힘을 합쳐 해결방법을 모색하고, 한 사람이 의견을 제시하면 다른 사람은 그것을 따르는 형태다. 만약 손을 마주잡은 사람끼리 의사소통이 제대로 이루어지지 않거나 다른 사람의 의견을 수용하지 않는다면 문제를 해결할 수 없다. 두명이 사슬을 풀고 나면, 4명 그리고 8명과 같이 인원을 배수로 늘여가고, 마지막에는 전원이 하나의 사슬을 만들어 풀도록 했다. 난이도를 높여, 머리와 꼬리 연결하기를 했다. 참가자들이 원으로 둘러선 상태에서 옆 사람과 손을 잡도록 한 후, 진행자가 머리역할을 맡은 사람의 손을 잡고 둘러선 사람들 사이를 통과해 지나다닌다. 한줄로 늘어선 사람들은 선두를 따라 오는 과정에서로 뒤엉키도록 한 후 머리역할과 꼬리역할을 맡은 사람의 손을 연결하여 꼬인 상태를 풀어 원이 되도록 했다.

행위화는 부끄럽다고 느꼈던 자신의 경험이나 언론매체를 통해 들었던 다른 사람의 부끄러운 행동에 대해 이야기하도록 한 후, 그것을 소시오드라마로 만드는 것으로 이루어졌다. A그룹은 3~4명씩 묶어서 이야기를 나누고 그 결과를 한 사람이 발표하도록 했다. 발표를 할 때 누구의 이야기인지는 밝히지 않도록 했다. 교육생들이 느낀 '부끄러움'에 관한 내용은 술을 먹고 상사에게 횡패를 부리다가 직장에서 짤린 것, 술먹고 사람을 팬 것, 지금 자신이 교도소에 있다는 것, 아들은 아빠가 멀리 돈 벌러 간 줄 안다는 것, 노래자랑대회에 나가서 떨어진 것, 방귀를 잘 뀐다는 것 등이다. 조별로 발표를 한 후, 그것을 퍼포먼스로 만들어 발표하도록 했다. 공연 중 가장 공감되는 내용을 선택해 재공연하는 과정에 진행자가 개입하여 소시오드라마를 이끌어갔다.

많은 교육생들은 부모님이 자식을 면회하러 오는 이야기를 선택했다. 처음 A그룹이 만든 이야기는 퍼포먼스 형식이었기에 상당히 짧고 등장인물도 많지 않았다. 재공연을 하는 과정에 처음부터 등장했던 참가자와 그의 부모 이외에 아내와 아들, 아내의 애인, 이웃사람 등이 추가되었다. 참가자 역을 맡은 교육생이 자기 역할에 대한 성격을 규정하고, 면회실에서 아들과 부모가 면회하는 상황을 설정했다. 등장인물의 성격규정을 위해 자기소개를 하도록 했다. 먼저, 주인공이 “제 이름은 김철수(가명)입니다. 나이는 40살이고, 평소에는 얌전한데 술만 먹으면 욱하는 성격입니다. 여기도 술 먹고 사람을 패서 오게 됐습니다.”라고 자신이 맡은 역할을 소개했다. 그런 다음 면회하러 온 어머니 역할을 맡을 사람을 선택하도록 했다. 선택된 사람은 각자 자기소개를 하고, 소시오드라마를 진행하도록 했다. 어머니 역할을 맡은 사람이 며느리를 뽑으면, 며느리가 자기소개를 하고 아들을 뽑는 식으로 했다. 소시오드라마 진행과정에 인물이 추가될 때마다, 새로 등장하는 인물은 자기소개를 한다. 교육생들은 각자 맡은 역할에 대한 성격을 규정했는데, 간혹 집단이 제시하는 의견을 반영해 역할규정을 하기도 했다.

교육생들로 하여금 자발적으로 극을 이끌어 가도록 했으며, 진행과정에 진행자가 개입하여 인터뷰, 역할교대, 이중자아기법, 방백, 독백, 거울기법 등을 사용해 등장인물의 내면이 많이 표출되도록 자극해 주었다. 그 결과, 교도소에 있는 자식을 걱정하는 부모의 애틋한 심정, 나이든 부모님을 돌봐드리지 못하는 참가자의 심정, 아버지가 교도소에 있다는 사실을 아들에게 숨기는 아내의 심정, 아내에 대한 미안한 마음 등이 표현되었다. 그 과정에 나이든 부모님이 교도소에 있는 아들을 걱정하는 장면, 나이든 부모님을 걱정하는 참가자의 심정을 표현하는 장면, 아들이 아빠를 그리워하는 장면에서 교육생들은 숙연해졌다. 반면, 아내의 애인 이야기가 나올 때는 장난스러운 연기와 함께 분위기가 어수선해졌다.

B그룹은 인원이 적은 관계로 한명씩 이야기하도록 했다. 언급된 내용은 성폭력범이라는 낙인이 찍힌 상태로 살아야한다는 것, 신상공개가 되고 전자발찌를 차야한다는 것, 사건 후 가족과 헤어지게 된 것, 출소 후 갈 곳이 없는 것 등이다. 퍼포먼스는 원하는 사람이 무대로 나와 공연하도록 했다. 공연된 내용은 출소하는 날 여관에서 친구와 회포를 푸는 것, 예전에 같이 일하던 동생을 만나 새로 일하는 것 등이다. 행위화는 긍정적인 내용 중심으로 이루어졌다.

나누기는 참가자들이 극중 역할을 하며 역할 속에서 느낀 소감과 소시오드라마에 참여하면서 느낀 소감을 이야기 하도록 했다. A그룹과 B그룹 모두 '처음에는 연극을 하라고 해서 생소했는데 생각했던 것보다 이상하지 않더라', '처음에는 왜 이런 걸 하라고 하는지 모르겠던데 해보니 알겠더라', '좋았다', '힘들다', '아무 생각없이 생활하다 갑자기 생각을 하려니 어렵다' 등의 소감이 있었다.

본 프로그램은 '인성교육'과 '교정치료'라는 명칭에서 드러나듯이, 교화에 목적을 두고 있다. 따라서 잘못을 인정하고, 그 잘못에 관해 부끄러움을 경험함으로써 행동변화를 통해 잘못된 행동을 되풀이 하지 않도록 해야 한다. 따라서 교육생들로 하여금

'부끄러움'이라는 정서적인 감정을 경험하도록 하는 데 초점이 맞추어졌다.

2.2.2 자료수집 및 분석방법

본 연구는 K교도소에서 2015년 11월 6일 실시된 인성교육프로그램과 11월 12일 실시된 성폭력가해자 교정 · 치료프로그램에 참여한 교육생을 대상으로 부끄러움을 주제로 소시오드라마를 실시한 결과이다.

자료수집 대상은 인성교육프로그램 교육생 26명과 성폭력가해자 교정 · 치료프로그램 교육생 12명이다. A01~A22는 인성교육프로그램에 참여한 교육생이며, B01~B10은 성폭력가해자 교정 · 치료프로그램에 참여한 교육생이다. 각 프로그램은 단 회기로 진행되었는데, 인성교육프로그램은 2시간 동안 진행되었으며, 성폭력가해자 교정 · 치료프로그램은 4시간 동안 진행되었다. 연구자료는 연구자가 직접 프로그램을 진행하면서 관찰한 내용을 기록하고 프로그램을 마무리하면서 받은 설문 내용을 분류하여 사용했다.

본 연구를 위해 프로그램 기획단계에서 K교도소에서 담당자에게 연구에 관한 승인을 받았다. 참가자를 대상으로 소시오드라마를 실시한 후, '부끄러움'에 관한 연구를 위해 사후검사가 필요하다는 설명을 했다. 질문지를 배부하면서 연구 참여자들에게 인적사항을 적지 않도록 했으며, 원하는 사람만 작성하도록 공지했다. 또한 작성된 질문지도 원하는 사람만 제출하도록 안내했다. 그 결과, 인성교육프로그램 참여자 26명 중 22명이 질문지를 제출했으며, 교정 · 치료프로그램 참여자 12명 중 10명이 질문지를 제출했다. 회수된 질문지에는 연구 참여자에 대한 개인정보가 기재되어 있지 않으므로, 연구 참여자의 개인정보가 노출될 우려가 없다. 또한 소시오드라마는 개인적인 문제를 다루는 것이 아니라 사회적인 문제를 다룬다. 따라서 소시오드라마에서 언급되는 이야기는 개인적인 이야기가 아니라 참여자들의 공동창작에 의한 허구적인 내용으로 이루어져 있다. 따라서 연구 참여자의 개인정보가 노출될 우려가 없다.

본고는 교도소에 수감 중인 참가자들이 경험하는 '부끄러움'과 재범률과의 관계를 밝히고자 하는 사례연구다. 사례연구 방법은 구체성, 서술성, 발견성 등을 갖추어야 한다. 구체성은 구체적인 상황과 사건, 현상에 초점을 맞추는 것이며, 서술성은 연구의 대상이 되는 사례에 대한 풍부하고 심도있는 서술을 제공하는 것이며, 발견성은 그 사례에 대해 기존의 의미를 재확인시키거나 경험을 확장시킬 수 있는 사례로부터 새로운 이해를 제공해야 한다(서영미, 2015: 8). 따라서 교도소에 수감 중인 참가자가 경험하는 '부끄러움'이 지니는 의미를 서술함으로써 참가자라는 특수집단에 대한 이해를 높이고, 그 결과를 향후 재범률 감소를 목적으로 하는 프로그램을 개발하기 위한 기초자료로 사용하고자 한다. 이러한 연구목적을 달성하기 위하여, 소시오드라마 실연과 설문조사를 통해 자료를 수집했다.

3. 연구결과

3.1 참가자들이 경험하는 '부끄러움'의 의미구조

3.1.1 부끄러운 일과 이유

동서고금을 통해 인간답게 살아가야 한다는 것에 대해 많은 물음을 던졌다. 그 해답 중 하나가 도덕적 인간으로 살아가는 삶이다. 도덕적으로 살아가고자 하는 생활철학은 서구에서는 성경의 원죄의식을 기반으로 한 '죄의 문화'로 나타나고 있으며, 비서구에서는 체면에 기반을 둔 '부끄러움의 문화'로 나타나고 있다(우카이 사토시, 2001: 22). 참가자들이 경험하는 부끄러움과 그 이유는 가족에 대한 부끄러움과 범법자로서의 죄의식으로 양분되었다.

먼저, 가족에 대한 부끄러움이다. 유교문화를 기반으로 한 한국사회는 혈연중심의 공동체윤리를 중시하여, 부모에 대한 효와 가족에 대한 가장의 책임감을 중시한다. 이는 집합주의적 성향이 강한 문화권일수록 의무와 책임 그리고 역할을 중시하는 공동체 윤리가 강조된다(김기범 · 김양하, 2004: 32). 그러다보니 집합주의 성향이 강한 사람일수록 공동체의 구성원으로서 의무와 책임 그리고 자신이 맡은 역할을 다하지 못했다는 데서 오는 자괴감으로 인해 자신을 부정적으로 평가하는 경향이 있다(김기범 · 김양하, 2004: 42). 참여자들은 가족의 일원으로서 부모에게 효를 다하지 못했다는 것과 가장으로서의 책임을 다하지 못했다는 것으로 인해 부끄러움을 느낀다고 했다. 참여자들은 부모님을 돌봐드리지 못하고, 효도를 하지 못하는 것에 대해 부끄러워하는 경향이 있었다.

이는 한국사회가 유교문화에 뿌리를 둔 데 기인한다. '효'를 기반으로 평화로운 가족을 유지하여 안정된 국가를 건설하고자 했기 때문이다. '효'는 부자(父子)관계에 가치관을 부여하는 어휘로, 한국인의 인간관계에서 가장 기본이 되는 것이며 모든 인간관계에서 가장 우위에 서는 것이다(최재석, 1994: 29). 이에 삼강오륜을 생활규범으로 삼아, 사회질서를 유지하고 여러 가지 명분을 세우기 위해 각종 예법과 규범 그리고 의식이 생겨났다. 이러한 유교철학은 상류층뿐만 아니라 서민층의 생활 깊숙이 자리잡게 되어 오늘날까지 이어져 내려오고 있기 때문이다.

> 부모님께 대들었던 행동들이 부끄럽습니다(A07); 제가 (아무리) 사고를 쳐도 끝까지 믿어주시기 때문입니다(A07); 아버지 어머니가 저를 키워주셨는데 그 은덕을 정확히 표현 못하고 저절로 자랐다는 의식을 갖은 것이 그것만 부끄러운 일이었습니다(A08); 어릴 적 어머니에게 속을 너무 많이 썩힌 적이 있습니다(A10); 어른이 되고서야 그 심정을 깨닫게 되었습니다(A10); 어머니에게 죄송합니다. 건강도 안 좋으신대 자식이 돌봐드리진 못하고 이곳에서 생활하고 있는 점이 죄송합니다(A20); 말로는 표현할 수 없는 것 같습니다. 절 낳아주시고 길러주신 어머님께 불효를 한 점 깊이 뉘우치고 반성해야 할 것 같습니다(A20)

소시오드라마에서 아들을 면회하기 위해 교도소로 찾아온 나이든 부모이야기를 다루었다. 퍼포먼스로 공연할 때는 코믹한 형태였으나, 구체적인 상황설정을 통해 교도소에 있는 아들의 심정과 고령에 혼자 농사를 지으며 옥바라지하는 부모의 심정이 구체화되어 나타났다. 드라마가 진행되는 동안, 참가자들은 숙연한 태도를 보였으며, 그 숙연함에 담긴 정서적 감정은 나누기와 설문조사를 통해 표출되었다.

또한 참가자들이 가장으로서 책임을 다하지 못하는 데 부끄러움을 느끼고 있었다. 사람들은 가치로운 존재가 되기를 원한다. 자신의 가치로움은 자신의 존재가 누군가에게 도움이 된다고 여겨졌을 때 확인된다. 그러다보니 사람들은 '타자공헌'을 통해 자신의 가치를 실감하고자 한다(기시미 이치로 · 고가 후미타케, 2015: 271-272). 타자공헌을 하는 방법에는 여러 가지가 있을 수 있는데, 그중 하나가 가족에 대한 공헌이다. 공동체의식이 뿌리깊게 자리한 한국사회에서 가족에 대한 공헌은 실로 중요하다. 특히 성인 남성이 가족에 대한 공헌을 통해 가장으로서 가치로움을 인정받는 것은 더할 나위없다. 참가자들은 수감기간 동안 가족에 대한 타자공헌이 차단되므로 가장으로서의 가치로움을 느낄 수 없게 된다. 그로 인해 사회적으로 바람직한 이미지를 얻지 못하게 됨으로써 체면이 손상당했다는 부끄러움을 느끼고 있었다(강길호, 2002: 135).

아내와 아이들에게 관심과 자상함이 부족했던 남편이었습니다

(A01); 사업한다는 이유로 바쁘다는 이유로 여러 개의 모임에 참석한다는 이유로 술자리를 많이 하면서 가족과 시간을 함께 하지 못했습니다(A01); 중1인 아이가 아빠가 이곳에 있는지를 모릅니다. 그저 돈을 벌기위해 멀리 있는줄 알고 있습니다. 사랑하는 아들에게 부끄럽고 미안한 마음뿐입니다(A19); 내가 떳떳하지 못하게 내 아들에게 거짓을 얘기하고 속여야 하는 것이……(A19)

소시오드라마는 면회를 온 노부모와 이야기를 나누는 과정에, 홀로 자식을 키우는 아내와 아버지의 부재 이유를 모르는 아들의 이야기로 확장되었다. 처음 아내역할을 맡은 참가자와 아들역할을 맡은 참가자는 코믹하게 자신의 역할을 표현했는데, 역할교대를 통해 표현된 아내역할과 아들역할은 진중했다. 역할교대를 통해 참가자 자신의 주관적 모드(mode)에서 객관적 모드로 바뀌는 과정에 부끄러움이라는 정서적 감정이 일어났기 때문이다. 이러한 모드 변화를 통해 자신이 경험하고 있는 상황과 상충되는 상황을 경험하게 됨으로써 부끄러움이 일어난다(이호영, 2002: 268). 또한 디렉터가 이중자아의 역할을 맡아 양가감정을 표현해 주었다. 이중자아의 역할은 주인공이 직면하고자 하는 감정이 강할 때 그것을 가능하도록 해주기 때문이다(조셉 모레노, 2003: 33).

다음은 범법행위에 대한 죄책감이다. 사회가 안정되기 위해서는 질서를 유지하는 규칙이 있어야 한다. 그 규칙 중 가장 기본이 되는 것이 법률이다. 법률을 위반하면 그 잘못에 합당한 처벌을 내린다. 법률은 공공질서 유지를 위한 약속이므로 그것을 위반한 사람은 공공질서를 어지럽혔다는 점에서 사람들로부터 지탄을 받게 되며, 범죄자라는 낙인이 찍히게 된다. 범법행위를 저지른 사람은 정서적으로도 자신의 잘못된 행동이 사회에 악영향을 끼쳤다는 점에서 죄책감을 느끼게 된다.

또한 참가자들은 공공질서를 파괴한 것에 부끄러움을 느끼고 있었다. 건전한 시민의식과 밀접한 상관관계가 있다. 사람들이 얼마나 타인을 배려하고 질서의식을 가지고 있느냐, 공동의 이익을 위해 책임을 다하고 의무를 다하느냐는 그 사람의 지적 우수성뿐만 아니라 협동심과 도덕의식을 가름하는 척도가 된다(이부영, 2015: 288). 따라서 공중도덕은 사회평화를 유지하기 위해 준수되어야 할 필수요소로, 공중도덕을 지키지 않는 사람은 사회평화를 위협하는 존재로 간주되어 배척되기도 한다. 그러다 보니 사람들은 자기가 속한 집단으로부터 배척당하지 않기 위해 공중도덕을 준수하려고 한다.

> 나 자신때문에 일이 생겼기 때문(A04); 그 당시에는 내 세상인 줄 과시하듯 살아온 것이 얼마나 추하게 느껴지는 것 같습니다(A05); 행하였던 일들이 잘못된 행동임을 알았기 때문에(A06); 내 도덕에 공중도덕을 차마 지키지 못 하였을 때(A12); 부드럽게 흘러가는 사회질서에 물의를 일으킨 것 같습니다(A17); 매번 자주 법을 어겨 구속되었을 때입니다(A18); 여러 가지가 있으나 도덕적 감정으로 생기는 것(B03)

소시오드라마에서는 공중도덕에 관한 내용이 다루어지지 않았음에도 불구하고, 참가자들은 자신이 공중도덕을 준수하지 않았기에 느끼는 부끄러움이 많이 표출되었다. 이처럼 잘못을 저지른 것에서 오는 부끄러움은 그 잘못에 해당하는 보상을 해야 상쇄될 수 있다. 수감생활은 자신의 잘못에 대한 댓가를 치르는 것이다.

또한 참가자들은 수감생활을 하는 데 수치심을 느끼고 있었다. 왜냐하면 사람들이 느끼는 부끄러움은 누군가로부터 자신의 행동에 대해 부정적인 평가나 판단을 받았다고 가정하기 때문이다. 이처럼 도덕적 판단이 개입되는 자의식적 정서는 부모나 교사의 도덕적 준거를 사회화과정을 통해 수용한 데서 오는 것이다(김기범 · 김양하, 2004: 31). 따라서 부끄러움이라는 정서적 감정은 타자와의 관계에서 비롯된다. 그 타자가 자기 자신이 될 수도 있다.

> 수감 생활을 하면서입니다(A02); 이곳에 있는 게 부끄럽습니다(A04); 내 스스로 자유를 박탈당했을 때(A18); 이유가 어떻든 지금 현재가 제일 부끄럽습니다(B08)
>
> 저의 사건 자체가 부끄럽습니다(B04); 저의 죄명은 강간상해로서 강간이라는 자체가 부끄럽습니다. 하지도 생각하지도 않았던 강간을 마치 했다고 낙인찍힌 제 자신이 너무 부끄럽습니다(B04)

참가자들은 '수감자' 내지 '전과자'라는 낙인이 찍히는 것에 대한 부끄러움을 가지고 있었다. 교도소에 수감되었다는 것은 공공질서를 파괴했다는 증거이자 사회로부터 그 잘못을 용서받지 못했다는 증거이기 때문이다. 그로 인해 세상으로부터 배척당했다고 느끼고 있었다. 일단 전과자라는 낙인이 찍히고 나자, 자신이 하지 않았음에도 불구하고 동종전과가 있다는 점 때문에 누명을 썼다고 억울함을 호소하는 참가자도 있었다.

또한 참가자들은 자신의 잘못에 대해 죄책감을 느끼고 있었다. 죄책감은 자기가 알고 있거나 믿고 있는 법(法)에 어긋나는 행동을 했을 때 일어나는 정서적인 반응이다. 죄책감을 느끼면, 그것을 상쇄시키기 위해 자신이 저지른 잘못이나 남에게 누를 끼친 것에 대한 보상행동이 뒤따른다. 통상적으로 죄책감은 보상을 하는 것으로 심리적 해결이 가능하다고 한다(이호영, 2002: 44). 죄책감과 보상의 관계가 주고 받는 것으로 해결된다고 하면, 참가자들은 처벌을 받는 것으로 보상이 이루어지므로 죄책감이 경감되어야 한다.

> 남에게 떳떳하지 못한 저의 모습입니다(A02); 사람이란 자기 자신을 뒤돌아봤을 때 후회함과 부끄러움을 느끼는 거라 생각합니다(A03); 지나온 과거 충실하지 못한 것이 내 자신에게 부끄럽기 짝이 없습니다(A05); 부끄러우니까요(A08); 못 나고 바보같아서 겠지요……!(A16); 부끄럽다는 것보다 죄송하고 미안한 마음이 많습니다(A20); 무책임하고 비겁하게 행동해서(A22); 어떠한 일거리로 남에게 거짓을 했다가 탈로가 났을 때 많은 부끄러움을 느낍니다

(B02); 잘못이 있었기 때문에(B06); 사실 부끄러움 보다는 잘못했다는 느낌이 듭니다(B08)

참가자들은 자신이 저지른 잘못에 대한 보상으로 법률이 정한 범위 내에서 수감되는 처벌을 받고 있다. 그럼에도 불구하고 참가자들은 자신이 저지른 잘못에 대한 죄책감을 떨쳐버리지 못하고 있다. 이것은 서구의 문화에서 말하는 죄책감과 보상의 관계와는 달리, 참가자들은 잘못에 대한 보상으로 처벌을 받는다 하더라도 피해자에 대한 윤리적인 책임을 느끼고 있는 것에서 비롯된다. 이러한 현상은 공동체 의식을 바탕으로 한 뿌리깊은 유교문화의 영향에서 비롯된 부끄러움이라는 정서적 감정에서 기인하는 것이다.

3.1.2 부끄러운 행위의 결과

참가자들은 범법행위를 저지름으로써 그 잘못에 대한 처벌로 교도소에 수감되었다. 그 결과 수용기간동안 가족들과 이별하게 되었을 뿐만 아니라 사회로부터 격리됨으로써 그동안 쌓아놓았던 인적자원을 상실하게 되었다. 이처럼 인간관계가 단절되는 경험을 통해 참가자들은 자신의 잘못에 대해 후회하는 양상이 두드러지게 나타났다. 참가자들은 자신이 저지른 부끄러운 행위로 인해 가족과 이별하여, 인적 자산을 상실하게 된 것을 후회하고 있었다.

먼저, 가족과의 이별이다. 한국사회는 혈연중심의 가족문화가 뿌리깊게 자리잡고 있는 사회다. '효' 사상을 중심으로 이루어진 공동체사회에서 자신이 맡은 바 의무와 역할을 다하지 못하는 것은 무책임하다는 비난을 면하기 어렵다. 참가자들은 수감기간 동안 가족들과 이별하게 된 책임이 자신에게 있다는 데 부끄러움을 느끼고 있었다.

> 아내의 외로운 아이들과의 놀이를 함께 하지 못하는 아빠, 휴일이 외로운 가정이 되었습니다(A01); 부모님에게 항상 죄송합니다(A07); 마음의 빚을 갖게 되는 것 같습니다. 한창 대화도 하고 같이 보내야 할 시기에 저는 이렇게 여기에서 그 아이에게 아무 것도 해줄 수가 없으니까요(A19)

참가자들이 자신의 잘못된 행위를 반성하고 되풀이하지 않도록 하는 가장 큰 요인은 가족이다. 가족이 자신으로 인해 '범죄자 가족'이라며 손가락질을 당하는 것에 대해 죄책감을 느끼고 있었다(윤일수, 2015: 42). 참가자들이 가족과의 이별로 인해 느끼는 죄책감은 가족에 대한 사랑과 가족을 향한 보살핌의 욕구에서 비롯되는 것이다.

다음은 인적 자산의 상실에 관한 것이다. 참가자들은 수감되면서 사회로부터 격리되어 이전까지 이루어 놓았던 것들을 상실하게 되고, 전과자를 향한 시선도 차갑기 그지없다. 이러한 상황을 이미 경험한 적이 있거나 예견하는 참가자들은 그로 인해 삶의 의욕을 잃고 의기소침해하는 경향이 있었다.

> 아무 것도 없습니다(A08); 대인과의 관계에 있어서 많이 무너지는 느낌입니다(B02); 자신의 치부로 여기게 된다. 자신의 성격이나 인격에 약간의 문제 생길 것 같다(B03); 앞으로 삶의 걸림돌이 될 것 같습니다(B04); 이혼(B09)

자신의 잘못으로 인해 경험하는 상실감은 성폭력사건으로 수감된 참가자들에 의해 많이 언급되었다. 이러한 현상은 성폭력범죄를 4대 악의 하나로 간주하여 처벌을 강화하고, 죄의 경중에 따라 신상공개와 출입금지구역 지정, 전자발찌 부착 등이 추가로 이루어지기 때문이다(윤일수, 2015: 46). 그로 인해 성폭력 범죄에 연루된 참가자들은 출소하더라도 사회에서 발을 붙이기 힘들 수 있다는 두려움을 표출했다. 성폭력가해자에게 내려지는 신상공개와 전자발찌 부착명령으로 인해 이혼을 하는 사례도 종종 있는 것으로 나타났다.

참가자들은 자신의 잘못에 대해 많이 후회하고 있었다. 자신의 잘못된 행동으로 인해 수감됨으로써 가족을 소홀히 했다는 데서 오는 죄책감으로 인한 것이다. 자신의 범법행위가 공공질서를 문란하게 했으며, 그로 인해 사회로부터 배척당하게 된 것에 대해 부끄러움을 느끼고 있었다. 이처럼 참가자들이 경험하는 죄책감과 부끄러움은 자신의 행동에 대한 후회로 이어지고 있었다.

후회스러움입니다(A02); 결과는 없고, 또 다른 부끄러움을 없애기 위한 노력이라 생각합니다(A03); 그 행위로 인해서는 말할 수 없을 만큼 후회되는 짓이었다는 것을 알았습니다(A05); 반성, 뉘우침(A06); 행위의 결과는 또다시 같은 부끄러운 행위를 하지 않는다라는 반성(A12); 자책과 탄식이었습니다(A16); 후회막심(A17); 반성과 후회입니다(A18); 기억이 최근에 더욱더 나서 더 가슴 아프기 때문입니다(A10); 마음이 아프고, 술을 과음(A22)

참가자들이 느끼는 부끄러움은 자신의 잘못에 대한 반성과 후회로 이어지고 있었다. 이러한 반성과 후회를 통해 같은 잘못을 되풀이하지 않으리라는 다짐으로 나아가고 있었다. A그룹의 경우, 토론과정에 과다한 알코올 섭취가 범법행위로 이어진 사례가 많이 언급되었다. 중독은 근원적으로 '부끄러움'이라는 정서적 감정에서 기인한다. 알코올 남용 또한 '부끄러움'에서 그 원인을 찾을 수 있는데, 절제를 모르는 자신의 술버릇에 대한 후회가 많이 다루어졌다.

3.1.3. 새롭게 맞이하는 삶

참가자들은 수감되기 전으로 되돌아간다면, 가족과 행복한 가정을 꾸리기 위해 노력할 것이며, 인내와 절제를 통해 범법행위를 저지르지 않을 것이라고 했다. 건실한 삶을 살고자 하는 욕구가 강하게 드러났다.

먼저, 행복한 가족 만들기이다. 소시오드라마는 참가자를 둘러싼 3대가 등장하는 대가족에 관한 것이었다. 극중 상황은 가장이 수감되어 있는 상황으로 노부모의 자식에 대한 걱정, 아들에게 아버지의 수감사실을 숨기는 마음, 수감자 가족을 바라보는 이웃의 시선 등을 다룬 소품이다. 그럼에도 불구하고 역할교대, 이중자아기법, 거울기법 등을 통해 다양한 관점에서 가족구성원의 입장을 생각해 볼 수 있었다.

> 가족의 소중함을 깨달았으므로 가정의 평화와 행복을 위해 최선을 다하는 사랑스런 남편 따뜻한 아빠가 되겠습니다(A01); 다시는 아이에게 이러한 모습을 보이지 않게 하기 위하여 노력할 것입니다(A19)

설문조사에는 몇 사람에 의해 수감된 아버지의 입장에서 아들을 걱정하는 마음이 표현되고 있지만, 나누기에서는 수감된 아들의 입장에서 부모에게 걱정을 끼친 마음과 노부모를 보살피지 못하는 마음도 표현되었다. 출소 후 착하게 살며, 부모님께 잘하겠다는 참가자도 있었다. 소시오드라마를 진행하는 과정에 역할교대를 통해 상대방의 입장이 되어보는 과정에 가족관계에서 주어지는 의무를 다해 행복한 가족을 만들기 위해 노력하겠다는 의지가 나타났다.

다음은 인내와 절제에 관한 것이다. 사회적 편견의 대상이 되어 멸시를 받으며 살아온 사람들은 부끄러움이 내면화되어 지나

치게 분노를 표출하는 사람들이 많다. 왜냐하면 평소 마음속에 열등감을 억눌려 놓았다가 한꺼번에 분출하기 때문이다(이호영, 2002: 87). 그러다보니 분노를 표출하는 정도가 적절하게 조절되지 않아 문제를 야기하는 것이다. 부끄러운 상황에 대한 퍼포먼스를 만드는 과정에 과음상태로 일을 저질렀다거나 감정조절을 못해서 사고를 쳤다는 사례가 여럿 공연되었다.

> 참겠습니다(A02); 그러한 일들을 만들지 않을 겁니다(A03); 똑같은 일은 반복하지 않겠습니다(A04); 절대 철부지 행동을 하지 않을 겁니다(A10); 두번 다시 되풀이 하지 않을 겁니다(A15); 모든 것이 절제 인내로 헤쳐 나가겠습니다(A17); 만약 이곳에 오기 전으로 돌아간다면 다시 한번 생각하고 행동하겠습니다(A20); 다시는 이런 일이 없도록 깊이 뉘우쳐야 합니다(B02); 더 이상 없음(B06); 그런 순간이 없도록 할 것입니다(B08)

여러 명의 참가자가 같은 잘못을 반복하지 않기 위해 인내하겠다는 다짐을 하고 있다. 이러한 태도는 자신의 삶에 대한 반성이다. 소시오드라마는 역할중심으로 진행되므로 가장 기능적인 역할을 찾아내는 데 합리적인 방법이다. 나아가 다양한 형태로 이루어지는 역할훈련을 통해 종전까지 고수해오던 자신의 관점에서 벗어나 새로운 관점으로 대상을 바라볼 수 있는 기회를 가진다. 그로 인해 자신의 잘못을 파악하는 데 유용하다(윤일수, 2015: 48~49).

마지막으로 새로운 삶에 대한 다짐이다. 부끄러움이라는 정서적 감정은 내면에 자리한 비밀스러움과 은밀함을 수용하고, 그것을 극복하기 위해 새로운 방식을 살아가도록 고양시키는 긍정적인 의미도 있다(우카이 사토시, 2001: 61). 왜냐하면 부끄러움은 자신의 부적격에서 오는 감정이므로, 자기의 질적 변화를 통해 제거하지 않으면 사라지지 않기 때문이다. 따라서 보람이나 성취감을 느낄 수 있는 일을 하도록 유도하는 힘이 있다(이호영, 2002: 45).

> 다시 한번 삶이 주어진다면 순간순간 최선을 다하는 내 자신이 될 것입니다. 매순간……(A05); 슬기롭게 대처하며 정의롭게 행동할 것이다(A06); 표현하고 갚겠죠(A08); 그때 용기있게 행동하겠습니다(A09); 많은 노력을 해야 되지 않겠습니까(A11); 부끄럽지 않은 행동을 할 것이다(A12); 잘 하겠습니다(A13); 정면 돌파(A14); 처음 보다는 잘 판단하고 대처하리라 생각됩니다(A16); 부끄럽지 않도록 대처하겠습니다(A21); 설득 배려(B09)

참가자들은 법망에 걸려 자신의 잘못에 대한 처벌을 받았음에도 불구하고, 자신의 잘못이 상쇄되었다고 생각하지 않고 있었다. 오히려 정면 돌파나 정의로운 행동, 슬기로운 대처를 통해 자긍심을 높이고자 하는 태도를 보였다. 이러한 태도는 주변사람들로부터 호감을 얻거나 수용될 수 있는 것으로 사회관계로부터 배척당한 것을 극복하고자 하는 의지를 보이고 있었다(김진

환, 2005: 105).

참가자들은 프로그램을 마치며 그 순간의 심정을 표현했다. 그 내용은 답답함, 담담함, 후회스러움, 편안함, 기다림 등이다. 이러한 심정의 차이는 참가자들의 의식수준 차이에 기인한다. 데이비드 호킨스에 의하면, 절망하는 감정을 느끼는 의식수준은 50이며, 후회하는 감정을 느끼는 의식수준은 75이며, 용서하는 감정을 느끼는 의식수준은 350이며, 경외하는 감정을 느끼는 의식수준은 500이라고 한다(데이비드 호킨스, 2013: 23-24). 나누기에서 언급된 내용은 다양한 의식단계에 있는 참가자들의 감정상태가 내포된 것이다.

> 복잡하고 지난 생각에 사로 잡힙니다(A03); 많이 답답합니다(A04); 머리가 많이 아픕니다(A18); 답답합니다(B04)
>
> 덤덤합니다(A21); 담담합니다(B01); 오늘은 어떤 감정도 없다. 이곳은 생활이 단순하기에(B03); 덤덤합니다(B07)
>
> 반성하게 되는 것 같습니다(A07); 지금도 부끄럽고 한심하지만 개과천선한다는 심정으로 살겠음(A09); 후회스럽습니다(A14); 깊이 후회하고 있습니다(A15); 부끄럽습니다……(A16); 반성하고 죄송하다는 생각뿐입니다(A20); 반성을 많이 하고 있음(B06); 후회하면서 참되게 살겠습니다(B09)
>
> 좋습니다(A06); 편안합니다(A11); 덜 부끄럽다(A12); 편하고 좋아요(A13); 평화롭고 행복합니다(A17); 좋은 시간이었고. 속이

(A19); 상쾌합니다(B10); 많은 것을 배웠습니다. 인생도 소중하다는 걸 느꼈습니다(A05)

가족과 함께 할 시간만을 손꼽아 기다립니다(A01); 사회에 복귀하고 싶습니다(A02); 지금은 부모님이 보고 싶을 뿐입니다(A08); 늦게나마 어머니께 잘 하고 싶습니다(A10)

참가자들은 각자 처한 의식수준에 따라 혼란하거나 평온한 것으로 나타났다. 생명의 본성은 200이하의 의식수준에서 매우 경쟁적이고 이기적이며, 200이상의 의식수준부터 보다 조화로워지기 때문이다(데이비드 호킨스, 2013: 30). 참가자들이 경험하는 감정은 그들이 머무는 의식수준에 따라 달리 나타났던 것이다. 같은 공간에서 동시에 이루어지는 교육이라 할지라도 참가자 개개인의 의식수준에 따라 그 효과는 다르게 나타난다는 것을 확인했다. 따라서 교육효과를 극대화시키기 위해서는 교육을 통해 의식수준을 높일 수 있는 방향으로 이끌어야 한다. 의식수준이 200 전후로 하여 경쟁적이냐 화합적이냐로 나누어진다는 점에서, 의식수준은 재범을 저지르냐 저지르지 않느냐와도 관련있다. 그렇다면 의식수준을 높이는 요소가 무엇인지에 대한 탐구가 이루어져야 할 것이다.

3.2 참가자들이 경험하는 '부끄러움'이 재범률에 미치는 영향

참가자들이 경험하는 '부끄러움'이 재범률에 미치는 영향은 그림과 같다. 참가자들이 경험하는 감정은 부끄러움과 죄책감 그리고 후회로 나타났다. 부끄러움은 부모에게 효심을 다하지 못하고 가장으로서 책임을 다하지 못하는 데서 오는 것이며, 죄책감은 공공질서를 파괴하고 사회질서를 어지럽힌 데서 오는 것이다. 후회는 범법행위로 인해 수감되어 가족과 이별하게 되었으며, 신뢰를 깨뜨려 인적 자원을 상실한 데서 오는 것이다. 참가자들은 사회구성원으로서 사회질서에 순응하고 가족의 구성원으로서 행복한 삶을 살고자 했으나 범법행위로 인해 그것이 좌절되었기 때문에 부끄러움이라는 정서적 감정을 경험하고 있었다.

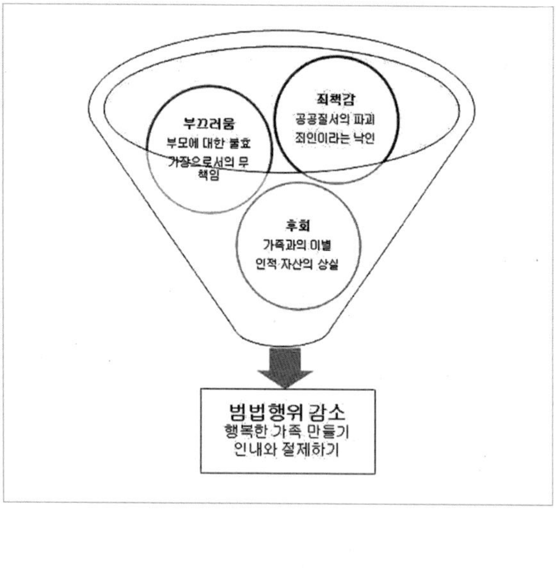

K교도소의 참가자들은 자신이 저지른 잘못에 대해 죄책감을 가지고 있었으며, 타인의 시선을 의식한 부끄러움도 가지고 있었다. 서구에서 죄책감은 자신이 저지른 잘못에 대한 보상이 이루어지면 상쇄되는 것으로 보는데 비해, 참가자들이 느끼는 죄책감은 처벌이라는 보상에도 불구하고 상쇄되지 않았다. 이러한 현상은 뿌리깊은 유교적 생활철학의 영향으로 범죄 피해자에 대한 책임감을 느끼는 데서 비롯된 것이다. 또한 참가자들은 부끄러움이라는 정서적 감정을 경험하면서, 잘못에 대해 후회하며 잘못을 되풀이 하지 않기 위해 노력했다. 이런 점에서 건강한 부끄러움은 도덕적인 삶을 살도록 하는 데 기여하는 것으로 나타났다.

일반사범에 비해 성폭력사범은 자신이 저지른 일에 대해 구체적으로 언급하기를 꺼리는 경향이 있었다. 일반사범에 비해 성폭력사범들은 자기노출을 꺼리고, 침묵을 지키는 경우도 있다. 이러한 반응은 자신의 잘못을 인정하고 깊이 반성하는 참가자일수록 현저하게 드러났다. '부끄러움'이 도덕적 행위로 이어지는 정서이므로, 변명을 늘어놓는 참가자보다 침묵을 통해 자기반성적인 태도를 취하는 참가자가 재범을 저지를 가능성이 낮은 것이다. 이것은 일반사범에 비해 성폭력사범의 재범률이 낮은 것에서도 확인되었다.

인성교육프로그램에 참여한 참가자들은 소시오드라마 소재로 가족에 대한 사랑을 많이 언급했는데 감금생활로 인해 발생하는 결핍을 충족시키고자 하는 욕망에서 비롯된 것이다. 이에 비해 성폭력가해자 교정치료프로그램에 참여한 참가자들은 가족에 대한 사랑 이외에 자신의 신상이 공개되고 전자발찌를 착용한다는 두려움이 언급되었다. 이러한 현상은 우리사회가 성폭력 범죄자를 바라보는 시선과 관련이 있다. 성폭력 범죄자들은 성적 욕구를 충족시키기 위해 다른 사람의 인생을 파괴하는 범죄다. 따라서 일반인뿐만 아니라 참가자 간에도 성폭력 범죄자를 대하는 태도는 부정적이다. 이러한 부정적인 정서를 소시오드라마를 통해 객관화시켜보고, 사후검사를 통해 언어화하는 자신의 행동을 되돌아보는 기회를 가질 수 있었다. 그 결과 자신의 행위가 타인에게 지울 수 없는 상처를 안겨다주는 부끄러운 것이라는 것을 경험하게 되었으며, 그로 인해 같은 잘못을 되풀이하지 않으려는 의지를 다지게 되는 것으로 나타났다.

참가자들이 자신의 잘못을 반성하고 후회하게 되는 으뜸이 되는 요인은 수감생활이었다. 수감생활은 범죄자라는 낙인이 찍혀 사회로부터 격리되는 것이므로, 사회적 동물인 인간으로서 치명적인 상처가 되었다. 그중에서도 가장 친밀한 관계를 맺고 있는 가족과의 이별로 인해 참가자가 겪게 되는 고통은 상당히 컸다. 또한 사회생활을 성공적으로 하는 데 중요한 요소인 인적 자원을 잃게 되는 것에 대한 두려움도 큰 것으로 나타났다. 이처럼 참가자들은 가족과 행복한 삶을 누리고자 하는 욕구가 강하며, 지인들과도 좋은 관계를 유지하고자 하는 욕구가 강한 것으로 나타났다(윤일수, 2015: 42). 인간관계에 대한 욕구는 참가자들로 하여금 건실한 삶을 살도록 이끄는 중요한 요인으로 작용하고 있었다.

4. 결론

본 연구는 참가자들이 경험하는 '부끄러움'에 대한 본질적인 의미를 밝히는 것을 목적으로, 소시오드라마를 실연한 결과와 '부끄러움'에 관해 설문조사 결과를 질적 분석한 사례연구다.

연구결과는 부끄러움을 느끼는 일과 그 이유, 부끄러움을 느낀 결과, 그 상황이 다시 온다면 어떻게 할 것인가로 나누어 살펴보았다. 첫째, 참가자들이 경험하는 부끄러움은 크게 두 가지로 나누어졌다. 그중 하나는 가족구성원으로서 가족의 행복한 삶을 위해 공헌하지 못했다는 데 기인하는 것이고, 다른 하나는 사회 구성원으로서 범법행위를 저질러 사회질서를 어지럽혔다는 데 기인하는 것이다. 그중 가족에 대해 느끼는 부끄러움은 부모님에게 효심을 다하지 못 했으며, 가장으로서 가족을 제대로 부양하지 못 했다는 데서 오는 감정이다. 이처럼 참가자들이 가족을 소홀히 대한 것에 대해 경험하는 부끄러움은 한국사회가 유교문화를 기반으로 하는 혈연중심의 공동체사회이기 때문이다. 유교문화에서 '효'는 가장 기본이 되는 생활윤리이자 모든 생활윤리 중 가장 우위에 서는 것이기 때문이다. 가족에 대해 느끼는 부끄러움은 주로 사적인 영역에 관한 것으로 자긍심과 관계있는 것으로 나타났다.

범법행위에 대해 느끼는 부끄러움은 공공질서를 어지럽히는 자신의 잘못된 행위로 인해 타인에게 피해를 주었다는 데서 오는 죄책감과 죄인이라는 낙인이 찍힌 데서 느끼는 수치심이 있다. 공공의 안전을 위해 공중도덕을 준수해야 한다는 것은 건전한 시민으로서 갖추어야할 덕목이다. 그럼에도 불구하고 자신의 잘못된 행동으로 인해 공공질서가 어지럽혀졌으며 사회에 물의를 일으켰다는 데 죄책감을 가지고 있었다. 이는 도덕적 인간이고자 하는 바람을 반영하는 것이다.

둘째, 참가자들은 부끄러운 일을 저질러 수감된 처지에 있다. 그러다보니 사회로부터 격리되어 가족들과 이별해 있는 상태이며, 사회생활을 통해 인연을 맺은 사람들과도 이별해 있는 상태다. 그로 인해 가족 구성원으로서 의무를 다하지 못했다는 데서 오는 부끄러움과 '범죄자'라는 낙인이 찍힌 데서 오는 부끄러움을 가지고 있었다. 이러한 감정은 가족이나 지인으로부터 좋은 사람이라는 평판을 듣고 싶어하는 욕망을 반영하는 것이다. 범법행위로 인해 좋은 평판을 얻지 못하게 되어 자신의 잘못된 행동에 대해 후회하고 있는 것으로 나타났다.

셋째, 참가자들은 다시 기회가 온다면 종전과 다른 새로운 삶을 살겠다는 강한 의지를 보이고 있었다. 그동안 돌보지 못했던 가족에 대해 강한 애착을 드러내며 가족들과 행복하게 살겠다고 다짐했으며, 자신의 잘못된 행동을 되풀이 하지 않기 위해 인내하고 절제하겠다고 다짐했다. 참가자들이 경험하는 '부끄러움'은 가족이나 사회로부터 비난받지 않을까 두려워하는 마음과 양심에 어긋나는 일을 저질렀다는 죄스러움에 기인하고 있었다.

이처럼 소시오드라마는 참가자들로 하여금 주관적인 관점에서 벗어나 객관적인 관점으로 세상을 바라보게 하여, 사회체계

내에서 자신을 바라보게 하는 데 효과가 있었다. 이러한 관점의 변화는 자기중심적인 관점에서 타인과 유기적 관계에서 사고하도록 하기 때문이다. 이러한 일련의 과정을 통해 의식수준을 보다 높은 단계로 끌어올리는 것으로 확인되었다. 의식수준이 높은 사람이 많은 사회일수록 이타적이며 화합적인 삶을 지향하는 사회며, 사회구성원의 삶의 만족도가 높은 사회이므로 전국민을 대상으로 의식수준을 높이는 교육이 이루어져야 할 것이다.

■ 이 글은 필자의 논문 「재소자가 경험하는 '부끄러움'의 내용에 대한 분석 -소시오드라마를 통한 사례연구를 바탕으로-」(『통일인문학』, 65집, 2016.3.31.)를 수정 · 보완한 것이다.

■ 참고문헌 ■

강길호, 「공손 전략과 체면 관리」,『정, 체면, 연줄 그리고 한국인의 인간관계』, 임태섭 편저, 한나래, 2002.

김기범 · 김양하, 「자의식적 정서로서 부끄러움의 경험 준거와 심리적 기능 분석」,『한국심리학회지; 사회 및 성격』, 18권 3호, 한국심리학회, 2004, 29~45쪽.

김진환, 『사회심리학』, 학지사, 2005.

서영미, 「질적연구의 기초: 사례연구 방법론」,『한국측정평가심리학회 추계 워크숍 자료집』, 고려대학교 운우초선교육관 303호, 2015.11.14.

신정근, 「부끄러움과 파렴치」,『철학과 현실』, 82호, 철학문화연구소, 2009, 31-40쪽.

유기웅 · 정종원 · 김영석 · 김한별 공저, 『질적 연구방법의 이해』, 박영사, 2015.

윤일수, 「소시오드라마를 통한 성의식의 변화양상에 관한 현상학적 연구-성폭력가해자 교정치료 프로그램을 대상으로-」,『한국사이코드라마학회지』, 18권 1호, 한국사이코드라마 · 소시오드라마학회, 2015, 33~57쪽.

이 선, 「부끄러움의 도덕적 기능」,『철학논총』, 55집, 새한철학회, 2009, 281~297쪽.

이부영, 『정신건강 이야기』, 집문당, 2015.

이호영, 『부끄러움』, 청년의사, 2002.

정문영, 「'부끄러움'과 '남은 자들'- 최후항전을 이해하는 두 개의 키워드」,『민주주의와 인권』, 12권 2호, 전남대학교 5.18연구소, 2012, 41~87쪽.

정용환, 「맹자의 도덕 감정론에서 부끄러움의 의미」,『철학논총』, 66집, 새한철학회, 2011. 135~164쪽.

최재석, 『한국인의 사회적 성격』, 현음사, 1994.

최헌진, 『사이코드라마 이론과 실제』, 학지사, 2003.

표갑수 · 엄정옥, 「성폭력가해자를 위한 인지행동치료 프로그램의 효과성에 관한 연구」,『교정연구』, 54집, 한국교정학회, 2012, 211~236쪽.

기시미 이치로 · 고가 후미타케, 『미움받을 용기』, 전경아 옮김, 인플루엔셜, 2015.

데이비드 호킨스, 『의식 수준을 넘어서』, 문진희 · 김명권 옮김, 판미동, 2013.

루스 베네딕트, 『국화와 칼』, 김윤식 · 오인석 옮김, 을유문화사, 2002.

버나도 카두치, 『부끄러움-학교, 직장, 데이트에 얼굴 빨개지는 당신을 위한 책』, 김종우 · 이선영 옮김, 황금가지, 2007.

우카이 사토시, 「어떤 감정의 미래 -〈부끄러움(恥)〉의 역사성」, 박성관 옮김, 『흔적』, 1호,

문화과학사, 2001. 17~62쪽.
조셉 모레노, 『음악치료와 사이코드라마』, 이정실 옮김, 학지사, 2003.
페트리시아 스텐버그 · 안토니나 가르시아, 『사회극 원리와 적용』, 조성희 · 김광운 옮김, 학지사, 2012.

「교도소 수감자 1인당 관리 비용 '연 2,500만 원'」. 『YTN 뉴스』. 2015. 3. 20. http://www.ytn.co.kr/_ln/0103_201505202047306742
「교정시설 현대화…"너무 편하다" vs. "교화가 목적" 의견 팽팽」. 『헤럴드 경제』. 2015, 10. 28.) http://news.heraldcorp.com/view.php?ud=20151028000447&md=20151030005554_BL

●●● 유건상

강원대학교 인문과학연구소 인문한국 연구교수

강원대학교 영어영문학과 및 동대학원 졸업(문학박사)

한국통합문학치료학회 및 한국시치료학회 이사, 전문문학치료사, 시치료전문가, 예술심리치료전문가

저서 : 『인문치료』(공저), 『인문치료의 이해』(공저) 등

논문 : 「시치료로 본 『A.H.H.를 추모하며』」, 「중도장애환자의 자아존중감과 소통 증진을 위한 인문치료 사례」 등

●●● 윤일수

강원대학교 인문과학연구소 인문한국 연구교수

영남대학교 국어국문학과 및 동대학원 졸업(문학박사)

(전)영남대학교 강의전담교수

사이코드라마 1급 전문가, 수련감독 통합예술전문가

저서 : 『가족 사이코드라마』, 『인생은 톱니바퀴다: 영상을 통한 인문치료 이야기』 등

논문: 「재소자가 경험하는 '부끄러움'의 내용에 대한 분석 -소시오드라마를 통한 사례연구를 바탕으로-」 등

● ● ● 이민용

강원대학교 인문과학연구소 교수

서울대학교 독문학과 및 동대학원 졸업(문학박사). 독일 마르부르크(Marburg)대학 수학

(전)서울대학교 인문학연구원 선임연구원, 한국독서치료학회 부회장. 한국통합문학치료학회 부회장

저서 : 『인문치료의 이론과 원리』(공저), 『인문치료의 이해』(공저) 등

논문 : 「인문치료와 이야기 치료」, 「포스트고전서사학과 인지과학으로 본 문학치료의 메커니즘」, 「재소자 인성교육, 스토리텔링 치료, 내러티브 콘텐츠의 활용」 등

● ● ● 정성미

강원대학교 인문과학연구소 교수

강원대학교 국어국문학과 및 동대학원 졸업(문학박사)

한국통합문학치료학회 홍보이사, 전문문학치료사, 강원대 한국어문화원 상담교수, 강원북부하나센터 부소장

저서: 『인문치료의 이해』(공저), 『인문치료의 이론적 양상』(공저), 『인문치료 실천 사례연구』(공저) 등

논문: 「과정 중심 글쓰기의 관점에서 본 치유의 글쓰기」, 「북한이탈주민의 소통능력 증진을 위한 인문치료」 등 다수

● ● ● **최병욱**

강원대학교 인문과학연구소 인문한국 연구교수
강원대학교 사학과 및 동대학원 졸업(문학박사)
인문치료전문가
저서: 『옛 사람들의 마음건강, 그리고 인문치유』, 『인문학의 치유 역사』(공저) 등
논문: 「병영 독서활동의 인문치료적 활용」, 「다문화사회에서 문화교류사의 사회 치유적 역할」 등

● ● ● **권오상**

강원대학교 강사
건국대학교대학원 철학박사
서강대학교철학연구소 상임연구원, 한국교육컨설팅연구소 전문위원
저서: 『현대사회의 직업윤리』, 『직업상담학』 등
논문: 「칸트의 자아의식과 연역적 상담방법에 관한 고찰」, 「칸트의 정신병리론과 철학상담의 가능성 모색」 등

●●● 이용희

강원대학교 인문대학 영어영문학과 부교수

강원대학교 영어영문학과 및 미국 볼링그린주립대학교 졸업(문학박사)

한국현대영미드라마학회 및 한국중앙영어영문학회 편집이사

저서: 『미국현대드라마』(공저) 등

논문: 「행복한 여성 시지프, 메이, 부조리한 세상과 맞대면하다: 포네즈의 〈진흙〉」, 「메멘토 모리를 통한 인생향유 문학: 〈Our Town〉과 전도서」 등

●●● 이진남

강원대학교 인문대학 철학과 조교수

고려대학교 철학과 학사, 석사, 미국 세인트 토마스 대학교 철학박사

(전)동덕여대, 숙명여대 교수

저서: 『종교철학: 종교는 무엇이고 신은 어떤 존재일까?』, 『나는 긍정심리학을 긍정할 수 없다』 등

논문 : 「법과 공동선」, 「의심과 공포의 철학적 정당성과 메르스」, 「철학실천 그리고 문제해결의 과정과 기법들」 등

INDEX

ㄴ

ㄷ

ㅁ

ㅂ

ㅅ

ㅇ

ㅈ

ㅊ

ㅋ

ㅌ

ㅍ

ㅎ

치료목적 중심 인문치료 사례연구

저　자 : 유건상, 윤일수, 이민용, 정성미, 최병욱
국은순, 권오상, 이용희, 이진남
펴낸이 : 김헌영(金憲榮)
강원대학교 출판부
펴낸곳 : 24341 춘천시 강원대학길1(효자2동 192-1)
☎ 033)250-7171 / FAX.033)259-5716
등　록 : 춘천시 제28호
발행일 : 2017년 4월 30일　초판

ISBN 978-89-7157-360-0　　정가 12,000원